凤凰师轩
FENGHUANG SHIXUAN

行知工程
创新教学探索系列

让学生把母语用精彩

“语用课堂”的探索与实践

RANG XUESHENG BA MUYU YONG JINGCAI
YUYONG KETANG DE TANSUO YU SHIJIAN

佘小红◎著

江蘇鳳凰教育出版社
Phoenix Education Publishing, Ltd

图书在版编目（CIP）数据

让学生把母语用精彩："语用课堂"的探索与实践/佘小红著. —南京：江苏凤凰教育出版社，2016.7

ISBN 978-7-5499-5746-0

Ⅰ.①让… Ⅱ.①佘… Ⅲ.①小学语文课—课堂教学—教学研究 Ⅳ.①G623.202

中国版本图书馆CIP数据核字（2016）第097269号

书　　名	让学生把母语用精彩——"语用课堂"的探索与实践
作　　者	佘小红著
责任编辑	雷利军　沈倩倩
封面设计	天之赋设计室
出版发行	凤凰出版传媒股份有限公司 江苏凤凰教育出版社（南京市湖南路1号A楼　邮编210009）
苏教网址	http：//www.1088.com.cn
照　　排	北京世纪鸿文制版技术有限公司
印　　刷	三河市九洲财鑫印刷有限公司
厂　　址	河北省三河市灵山大口
开　　本	787毫米×1092毫米　1/16
印　　张	11.25
字　　数	136千字
版　　次	2016年7月第1版　2016年7月第1次印刷
书　　号	ISBN 978-7-5499-5746-0
定　　价	30.00元
网店地址	http：//jsfhjycbs.tmall.com
邮购电话	025-85406265,85400774　短信　02585420909
E - mail	jsep@vip.163.com
盗版举报	025-83658579

前 言 / PREFACE

我从事小学语文教学工作已有整整 28 个年头了。28 年来，两个问题始终在我脑海中萦绕。

一是语文教学要让学生学什么？是重点学习课文内容，把课文内容弄懂弄透，还是重点学习表达课文内容的语言文字，学会运用语言文字？

二是语文教学要让学生怎么学？是主要通过教师讲解、提问来学，还是主要靠学生参与语文实践活动来学？从理论上来说，许多人都承认要以学生的实践活动为主，但是在课堂教学中，我们看到的大都是教师主宰课堂。

围绕这两个问题，我在思考，我在探索。

终于，我的脑子里跳出了“语用课堂”这样一个词语。“语用”，指语言文字的运用。学语文，不就是让学生学会识字写字、读书说话、写文章吗？如果语文教学能在这上头下功夫，那又会难到哪里去呢？

终于，我的探索有了一点点个人体会。于是，我把这些平时写的文章和教学课例连缀起来，就成了这本书。

在撰写本书的过程中，我得到了湖南师范大学知名语文教育专家余同生教授的悉心指导，在此表示深深的谢意！

目 录 / CONTENTS

第一章 语用课堂的基本特征

『语用课堂』这一概念的含义是什么？为什么要提出语用课堂？它的基本特征是什么？本章将回答这三个基本问题。

一、语用课堂提出的背景

“语用课堂”是一个全新的概念，其内涵为语文教学的课堂应该是学习语言文字运用的课堂，即把学习母语、运用母语当作语文教学的基本任务和主要目标。

我国历年来拟订的语文教学大纲一致认定，语文教学的基本任务和主要目标是正确地理解和运用祖国的语言文字。2001年我国实行课改，制定了《全日制义务教育语文课程标准（实验稿）》（以下简称课标实验稿），不再提语文教学的基本任务和主要目标是学习祖国的语言文字，语文教材也改为按课文内容组织单元，导致语文教学出现了两个严重弊端：一是语文课堂不再是学习语言文字的课堂，而成了解读课文内容的课堂；二是教师普遍用讲解、提问的方式教语文，学生只能被动应答，课堂上极少参与语文实践活动。这样教学，严重降低了母语教学的质量，不利于学生听说读写能力的提高。

至2011年，语文课改已进行了十年。在大量的语文教学实践中，人们开始发现课标实验稿对语文课程性质的定位不够明确，这是导致语文课变质、变味的根本原因。于是，教育部重新组织人员对课标实验稿进行了修改。《义务教育语文课程标准（2011年版）》（以下简称新课标）对语文课程性质的表达进行了重大修改，明确提出“语文课程是一门学习语言文字运用的综合性、实践性课程”，即语文课程的基本任务和主要目标是“学习语言文字运用”，缩写为“语用”。

新课标为了阐明语文课程的性质，在前言中集中表述了学习语言文字运用这一观点，在短短的两段话中，多次提到“语言文字运用”。后来，许多研究语文教学的著名学者、专家对语文课程的性质也发表了看法，如国家基础教育课程改革语文课标组组长、华东师范大学教授巢宗祺说："这一次语文课程标准的修订，关于'课程性质'的表述，有了新的变化——强调课程的目标和内容须聚焦于'学习语言文字运用'。语文课程的内容十分丰富，语文教学可以因教师风格的差异而异彩纷呈，但是教学目标和内容都必须围绕一个核心，教学的种种举措和行为也都应该紧扣这一核心目标。"中国教育学会小学语文教学专业委员会理事长崔峦也说："加强语言文字运用……在阅读教学中，要从语言文字入手，把握文本内容，体会情感而得意，更要关注语言形式、表达方法而得言。"2011 年之后，语文教学的方向由此发生了较大的转变。

"语用课堂"就是在这样的大背景下提出来的。语用课堂的内涵，就是要求教师把语文课堂当成学生学习语言文字的课堂，或者说，要把语文课堂的核心目标定位在学习语言文字的运用上。这是语文课程的性质和任务所决定的，任何时候都不可动摇。

二、语用课堂提出的意义

建设语用课堂迫在眉睫。为什么这样说呢？

（一）建设语用课堂，是改变语文教学"少慢差费"现状的需要

语文教学长期以来存在着诸多弊端，集中反映在语文教学的效率上。早在 20 世纪 70 年代末，叶圣陶、吕叔湘等语文界前辈就曾发文大声疾呼：语文教学在中小学花了几千课时，学生的语文能力却大多数不过关，岂非咄咄怪事？由此引发了一场全国性的提高语文教学效率的大辩论。然而，经过多年的探索，语文教学效率不高的问题仍未得到根本性改变。2001 年实行课改以来，虽然语文教学的教育理念发生了很大变化，但是教学效率不高仍然是一个不争的事实。2009 年，由中央教育科学研究所（现改名为中国教育科学研究院）、《中国教育报》联合推出的《中国义务教育质量监测报告》显示，在小学语文、数学、科学、品德与社会四门学科中，数学合格率最高，为 78.3%；科学、品德与社会居中，分别为 71% 和 67.3%；语文垫底，仅为 62.8%。语文的课时最多，但合格率最低，这让人觉得很无奈。

为什么语文教学改来改去，学生的学习效率、语文能力却始终上不去呢？原因虽然是多方面的，但最根本的一条，是我们的语文课堂丢了根，丢了本，变了质，变了味。

语文课堂应该教什么、学什么？这本来是明明白白的。“语文”，口头为语，书面为文。语文课堂应该是学习语言文字运用的课堂，然而，我们当下的语文教学，却严重偏离了学习语言文字运用的目标。

教学《地球爷爷的手》（人教版一年级下册），不少教师把教学重点定位在“理解地心引力”上；教学《棉花姑娘》（人教版一年级下册），不少教师把教学重点定位在“爱护有益动物”上；教学《赵州桥》（人教版三年级上册），不少教师把教学重点定位在“理解赵州桥的宏伟、坚固、美观”上；教学《呼风唤雨的世纪》（人教版四年级上册），不少教师把教学重点定位在“领悟科学技术给人们的生活带来了巨大的变化”上；教学《落花生》（人教版五年级上册），不少教师把教学重点定位在“人要做有用的人”上；教学《詹天佑》（人教版六年级上册），不少教师把教学重点定位在“感受詹天佑的爱国情怀”上……而语文课程的基本任务和主要目标——学习语言文字，常常只是顺带点一下。在这些设计中，偶尔也会学一两个词语，抓一两个重点句子，但目的是为了理解课文内容。

"课文内容是什么，就重点教什么。"这已成为许多教师进行教学设计的指导思想。于是，课文内容是歌颂人物的，就教成"做人课"；课文内容是抒发爱国情感的，就教成"爱国课"；课文内容是写景的，就教成"美景欣赏课"；课文内容是讲解科学知识的，就教成"科学课"；课文内容着重写人物内心活动的，就教成"心理课"。

这样一来，许多语文课变质、变味，不再是语文课了。语文课失去了自我，还有效率可言吗？

不错，语文课要教学生做人，要教学生爱国，要教学生欣赏祖国大好河山，要教学生懂得一些科学知识，这是语文课程义不容辞的责任。然而，我们切不可忘记，语文课程的基本任务是学习语言文字，特别是学习语言文字的运用，提高学生听、说、读、写的能力，在这个学习过程中渗透、融合人文内容。如果把解读课文内容作为重点，那就是"教课文"，而不是"用课文来教"；那就是"教例子"，而不是"通过例子的学习提高语文能力"，这就使语文只有其名，而无实质与内涵了。

对于这种把语文课教成品德课、科学课的现象，叶圣陶先生曾进行了尖锐的批评。在抗日抗战时期，他多次提醒语文教师不要把语文课上成"抗战课"，这就好比农民种田，要收获更多的粮食，就不能放下手中的锄头和镰刀，一天到晚地唱抗日的歌、跳抗日的舞。直至今天，这样的主张仍然发人深省。

把语文课教成品德课、科学课，不仅不利于学生学习语言文字，而且常常使语文教学成为一种说教，学生难以接受，也不感兴趣。这样教学，实不可取。

因此，要改变小学语文教学"少慢差费"的现状，必须旗帜鲜明地建设语用课堂。

（二）建设语用课堂，是落实新课标的需要

2011 年，教育部对试用了 10 年的课标实验稿进行了重大修改，尤其是对语文课程的性质进行了重新定位。新课标对语文课程的性质进行了如下表述："语文课程是一门学习语言文字运用的综合性、实践性课程。"

这一表述涵盖了三个基本观点：（1）语文教学的主要目标、核心价值是学习语言文字运用；（2）语文课程是一门综合性课程；（3）语文课程是一门实践性课程。这三个基本观点的核心是"学习语言文字运用"。它指明了语文教学的基本方向和基本任务，是改革语文教学的基本指导思想。

自新课标颁布以来，语文教学发生了一些变化，但这种变化还非常有限。我们的语文课堂依然以解读课文内容为主，学习语言文字运用仍然只是"搭头"。

究其原因，主要有以下几点。

一是对新课标的宣传缺乏力度，多数语文教师并不知道新课标修改了什么，也不知道语文课程的性质是什么，更不知道语文教学要以学习语言文字运用为基本任务和主要目标。

二是虽然新课标进行了重大修改，但是教材、教学参考书仍然是课改初期编写的，没有多大变化。

三是一些大型观摩课作秀成分太重，一味追求"精彩""亮点""好看"，导致语文教学迷失了方向。

总之，新课标虽然有了"语用"的明确定位，但我们对"语用课堂"并未做深入的、科学的研究。为了落实新课标的基本精神，我们有必要探讨语用课堂的建设。

（三）建设语用课堂，是提升母语教学质量的需要

提升母语教学的质量，让学生学会理解和运用母语，具有一定的语言文字运用能力，是语文教学的根本任务。

母语是一个人赖以生存和发展的根。如果母语水平比较好，能说会写，那么学生学习其他功课就有了一个比较好的基础，将来走向社会也更容易成功。反之，如果没有打好母语基础，那么学生将来的发展就会受到许多限制。当今世界，经济全球化趋势日渐明显，给语言文字运用的规范带来了新的挑战，对语言文字运用能力提出了更高的要求，因此，学好母语是一项十分紧迫的任务。

要提升母语教学质量，就必须让我们的语文课堂成为学习母语的课堂，特别是要成为学习母语运用的课堂。

（四）建设语用课堂，是学生在实践中自主发展的需要

语文课堂应该是学生主动参与语文实践活动的课堂，学生是学习的主体，在大量语文实践活动中掌握语言文字运用能力，并且实现自主发展。

传统的以教师讲解、提问为主的课堂，是以教师为主体的课堂，学生被动应答，难以获得自主发展的机会。

建设语用课堂，可以满足学生自主发展的需要。

三、语用课堂的基本特征

语用课堂有以下三个基本特征。

（一）语用性特征——以语用为本

语用课堂以学习语言文字运用为基本任务和主要目标。具体来说，它包括识字与写字、阅读、写作、口语交际、综合性学习五个方面的内容，其侧重点是“运用”二字，如会认字，会写字，会读书，会写作，会说话，会综合运用。能用，才是语文教学的目的。学了语文，如果不会用，或用得不好，读书时许多字都不认识，写起字来歪歪扭扭，说起话来结结巴巴，写起文章来词不达意、句子不通、条理不清，那就是没有学好语文。学习词语时，如果能解释、背诵许多词语，但在说话、写作时从来不用这些词语，那就是“死词语”，学了也没有多大用处。语用课堂，强调的是“用”语言，要运用学到的语言文字与人交流。

把学习语言文字运用当作语文教学的核心任务，要处理好以下几个关系。

一是学习语言文字与理解课文内容的关系。要以学习语言文字为核心任务，而不应以理解课文内容为核心任务。学习课文必须理解课文内容，这是毋庸置疑的。然而，理解课文内容一般不能作为教学重点。小学语文教材中有几百篇课文，内容包罗万象，小学各门学科（如品德、科学、音乐、美术等）的内容在语文教材中均有体现，不少课文还涉及中学的政治、历史、地理、生物、物理等学科的内容。如果把理解课文内容作为教学重点，语文课岂不成了“杂烩”课？其实，80%以上的课文，学生只需读一两遍就能自己理解内容。对于一些知识难点，如为什么会有地心引力，为什么七星瓢虫会吃蚜虫，为什么两个铁球会同时着地，海底有哪些物产等，学生只要知道大概就可以了，完全不必深究。深究这些知识，是别的学科的事，是中学甚至大学该做的事，语文教学不承担也承担不了这项任务。所以，把理解课文内容作为教学重点是没有必要的。那样教，是“教教材”，而不是“用教材教”。教材中也有少数课文比较难懂，如一些古诗、古文等，这些课文并非难在对内容的理解上，而是难在对文字的理解上，教师在教学时应重点引导学生学会通过查字典、联系上下文等弄懂字、词、句、段、篇的意思，从而理解课文内容。理解课文内容只是一种结果，而在理解的过程中掌握方法、形成能力才是教学的着力点。

二是学习语言文字与领悟课文情感的关系。要以学习语言文字为核心任务，而不应以领悟课文情感为核心任务。学习情感性强的课文，必须引导学生体会课文的情感，这也是毋庸置疑的。然而，语文教学中的情感教育与品德课的情感教育是有区别的。品德课的情感教育是直接的，不需要考虑语文能力的培养；而语文课的情感教育是潜移默化的、渗透式的，它以培养语文能力为主，力求"披文入情"，"言""意"兼得，而不可由"情"到"情"，得"情"忘"言"。语文课的情感教育是"悟情"，重在一个"悟"字，重在从字里行间"悟"出情感，重在掌握"悟情"的方法，形成"悟情"的能力。小学语文教材中的课文大多数情感性比较强，但"悟情"只是小学语文阅读教学的诸多目标之一，我们不可一碰到情感性强的文章，就把"悟情"作为教学重点，这样安排，不利于其他教学目标的达成。

三是理解语言文字与运用语言文字的关系。我们要把着力点放在运用语言文字上。理解语言文字也是必需的，不理解就谈不上运用，就可能用错，但是理解的目的是为了运用，因此，理解不可求深刻、求透彻，如词语的解释，并非一定要照字典上的定义去记忆，而只要懂得意思，能用即可。汉语中许多词只可意会，不可言传。词和句，反复多用几次，就懂了，就能掌握其用法了，何乐而不为？

（二）实践性特征——以学生的语文实践活动为主

语文课堂的学习形式，究竟是以教师的讲解和提问为主，还是以学生的语文实践活动为主呢？这是当下语文教学必须解决的一个重要问题。

新课标在"课程基本理念"中指出："语文课程是实践性课程，应着重培养学生的语文实践能力，而培养这种能力的主要途径也应是语文实践。……因而，应该让学生多读多写，日积月累，在大量的语文实践中体会、把握运用语文的规律。"这段话对于语文教学具有重要的指导意义。由此，我们可以引申出以下观点。

第一，语文教学必须充分体现实践性。语文课程的基本特征之一是实践性强，因此，语文教学必须充分体现这一特点，坚持以学生的语文实践活动为主，凸显语文课程的实践性特征。

第二，语文教学的主要任务是培养学生的语文实践能力。所谓“语文实践能力”，即新课标中提出的“适应实际生活需要的识字写字能力、阅读能力、写作能力、口语交际能力”。语文教学应该把培养学生的语文实践能力作为主要任务。语文课程和其他课程一样，都担负着培养学生人文素养的重任。培养人文素养与培养语文实践能力，是共性与个性的关系，学科课程既要关注共性，又要凸显自身的个性，否则，学科将失去自身的特点和存在的意义。

第三，培养语文实践能力的主要途径是语文实践。培养语文实践能力有多种途径，如听教师讲解、看别人示范、亲身实践等。比较而言，学生自己参与语文实践活动是主要途径，而其他只是辅助手段。因此，教师应为学生提供语文实践的广阔平台与发展空间，应精心设计适量的语文实践活动。

第四，学生要在语文实践中掌握语言文字的运用规律。运用语言文字是有规律可循的，学生主要是在语文实践活动中而非教师的讲解和提问中掌握其规律的。

因此，语用课堂必须坚持以学生的语文实践活动为主。

（三）综合性特征——综合发展听、说、读、写的能力

语文是一门综合性课程，既要培养识字写字能力、阅读能力、口语交际能力，还要培养写作能力。这几种能力联系紧密，相互依存。

然而，当今的语文课堂，往往把这几种能力分开来培养，尤其是重读轻写、读写分家，这是语文教学质量不高的重要原因之一。

语用课堂的一个显著特征是综合发展学生听、说、读、写

的能力，坚持读写并重，读中学写，以写促读。语用课堂，不仅仅是书声琅琅的课堂，也是沙沙动笔的课堂。“不动笔墨不读书”，学生在课堂上既要动眼、动口，又要动笔写字、写词、写句、写片段和短文。

小学语文特级教师丁有宽在农村学校教学 50 年，一直坚持读写结合的教学理念。他先后将 22 个落后班转变为先进班，他的教学经验就是读中学写、读写结合。可见，读写结合对提高语文教学的质量具有十分重要的意义。

因此，语用课堂必须重视学生听、说、读、写的能力的综合发展，只有这样，才能促进语文教学质量的提升。

第二章 语用课堂的目标定位

课堂教学的第一要务是确定恰当的教学目标，尤其是确定恰当的教学重点。语用课堂的目标定位，要实现美丽转身——由以解读课文内容为核心转变为以学习语言文字运用为核心。

一、怎样把握课文的教学重点

教学一篇课文，应如何确定教学重点呢？这是令当前不少青年教师颇感困惑的一个问题。他们或者把学习、理解课文内容作为教学重点，或者把情感教育作为教学重点，从而导致阅读教学变质变味，失去本质。因此，引导青年教师找准一篇课文的教学重点，是当务之急。

找准教学重点，首先应该明白阅读教学目标的两个性质：第一，阅读教学目标是隐性的。它隐藏在课文里面，不是一下子就可以发现的。小学数学、品德、科学等课程，每课时的教学目标都十分明确，并不需要教师费脑筋。语文则不然，语文教材是以课文的形式呈现的，而课文并没有告诉我们教学目标是什么，结果不少教师误以为学习、理解课文内容就是教学目标。于是，有些教师教学《地球爷爷的手》，就把“理解地心引力”作为教学重点；教学《两个铁球同时着地》（人教版四年级下册），就把“为什么两个铁球会同时着地”作为教学重点。这样把课文内容作为教学重点，培养语文能力便会落空，教学就会迷失方向。第二，阅读教学目标是多元的。一篇课文是一个整体，其中隐含着无数的教学目标。如《地球爷爷的手》，可以用来教学识字写字，教学朗读，教学默读，教学词句，教学口语交际，教学写话……教师不可以什么都教，若是追求面面俱到，必然顾此失彼，因此，必须从中选择一两个作为教学重点。如何选择？这又是一个难点。由于阅读教学目标具有以上两个性质，所以给教师开展课堂教学造成了诸多困惑。

那么，应该怎样找准培养语文能力的教学重点呢？

（一）从新课标的学段目标中找准教学重点

新课标是语文教学的基本宗旨。教学课文必须以新课标为基本依据，尤其要以新课标的学段目标为依据。学段目标是新课标的核心内容之一，对阅读教学的目标提出了非常明确而具体的要求，这是教学任何一篇课文的基本依据。因此，确定课文的教学重点，首先应该熟悉相关的学段目标。

可惜，许多教师尤其是年轻教师对新课标的学段目标很不熟悉。我用了“很不熟悉”一语，是有事实根据的。湖南师范大学知名语文教育专家余同生教授曾经对500多名小学语文教师做过调查。他从新课标的学段目标中随意拟了5道题目，请教师们自答自评，结果很不理想。这5道题如下。

（1）低、中、高三段对朗读的教学要求有什么区别？（低、中、高三段都要求用普通话正确、流利、有感情地朗读课文，但低段重在“学”，中段重在“用”，高段重在“能”）

（2）中段对默读有什么要求？（初步学会默读，做到不出声，不指读）

（3）高段对默读有什么要求？（默读有一定速度，默读一般读物每分钟不少于300字）

（4）低、中、高三段对学习词句有什么共同要求？（都要求联系上下文理解词句的意思）

（5）高段说明文教学的目标是什么？（能抓住要点，了解文章的基本说明方法）

以上5题，每题20分，合计100分。考查结果：500多名语文教师中，得100分的，无；得80分的，5人，约占1%；得60分的，12人，约占2%；竟然有97%左右的教师不及格，其中还有不少人得零分。这样的结果，让人大吃一惊！新课标中的阅读教学目标是编写阅读教材的基本依据，也是阅读教学的基本依据。教师连教学的基本依据都不清楚，怎么能把课教好呢？这就好比一个人去射箭，可是连箭靶在哪个方向都不清楚，这样射箭，能“中的”吗？其结果必然是无的放矢，劳而无功。

许多语文教师不清楚学段目标，一个重要原因是缺少正确引导。我们很少用学段目标去指导、评价教师的课，而一味用观摩课的“潜标准”（诸如“精彩”“亮点”“煽情”）去导课、评课，从而导致教学目标严重偏离新课标的学段目标，这是一个教训。

我们应花大力气认真学习、宣传新课标的学段目标。教学课文，一定要熟悉新课标的学段目标，并以此为依据来确定每篇课文的教学重点。对每一本教材的教学，都应以学段目标为依据，进行整体设计。如中段阅读教学目标共有 9 条：第 1 条是用普通话正确、流利、有感情地朗读课文；第 2 条是初步学会默读，学习略读；第 3 条是能联系上下文，理解词句的意思；第 4 条是能初步把握文章的主要内容，体会文章表达的思想感情；第 5 条是能复述叙事性作品的大意，初步感受作品中生动的形象和优美的语言；第 6 条是诵读优秀诗文，领悟诗文大意；第 7 条是学习标点符号的用法；第 8 条是积累语言材料；第 9 条是阅读课外书籍。此外，中段的识字与写字和习作教学的目标，也大都与阅读教学有直接关联。

我们要学会把新课标指定的学段目标合理分配到一本教材的相关课文中去，结合课文特点，每课确定一两个教学重点。如有的课文可以侧重培养朗读能力，有的课文可以侧重培养默读能力，有的课文可以侧重培养理解词句的能力，有的课文可以侧重培养把握课文内容、体会课文感情的能力，有的课文可以侧重培养写作能力……这样通盘安排，才能整体提高学生的语文能力，不至于顾此失彼。

（二）从教材的编写意图中发现教学重点

不管哪个版本的语文教材，都是以新课标为依据编写的，尤其是以学段目标为准绳编写的。只要深入钻研教材，我们就能发现教学重点。

比如，人教版高段教材，每组课文都有简明的提示。这些提示一般分为两个部分：一是概述本组课文的基本内容，二是提出本组课文的教学要求。这些教学要求，就是本组课文的教学重点。如五年级下册第一组课文有这样的提示："阅读本组课文，要把握主要内容，还要联系上下文，体会优美的语言和含义深刻的句子，想想这样写有什么好处。如果有不懂的问题，提出来和老师、同学讨论。"从这个提示中，我们可以发现本组课文的教学重点：第一，阅读课文，把握课文的主要内容；第二，联系上下文，体会优美的语言和含义深刻的句子，懂得这样写的好处（最好能结合运用）；第三，边阅读边提出问题和老师、同学讨论。教师要将这三个教学重点恰当地分配到本组四篇课文的教学之中，如教学《草原》，可侧重于第一、第二点；教学《丝绸之路》，可侧重于第一点；教学《白杨》，可侧重于第二、第三点；教学《把铁路修到拉萨去》，可侧重于第三点。

又如，教材中设有课后思考题，教师也可以从中发现教学重点。《桥》（人教版五年级下册）这篇课文后有这样一道思考题："课文在表达上很有特色。如，课文最后才交代老汉和小伙子的关系；文中有多处关于大雨和洪水的描写。你发现了什么？找出来，和同学交流这样写的好处。"这道思考题提示了课文有两种有特色的表达方法（设置悬念、环境描写），学习这两种表达方法就可以作为课文的教学重点之一（可安排在第二课时），并可以结合练习让学生写片段。

再如，《掌声》（人教版三年级上册）这篇课文中有一个“泡泡”：“英子为什么犹豫呢?”《给予树》（人教版三年级上册）这篇课文中也有一个“泡泡”：“为什么金吉娅沉默不语呢?”教材设计这些“泡泡”有什么用呢？是提示教师这样提问吗？不是！这是给学生做示范：学会抓住关键词语提出问题。体会课文中关键词句表情达意的作用，是中段阅读教学的重要目标之一，教材这样设计，正是把新课标的要求纳入教材之中，教师要明白编者的良苦用心。因此，培养学生体会课文中关键词句表情达意的作用的能力，就可以作为这两篇课文的教学重点之一。

（三）从课文的特点中揣摩教学重点

确定一篇课文的教学重点，既要关注教材的编写意图，同时还要关注课文的特点。只有明确课文的特点，才能确定教学重点。如前面提到的《白杨》一课，文中有不少句子语义双关，句意含蓄。这是本课的特点之一，又是学习的难点，还是本组课文的教学重点。特点、难点、重点三者合一，自然，“理解含义深刻的句子，并初步学习运用”，就成为《白杨》的教学重点之一。

从课文的特点中揣摩教学重点，要求教师深入钻研教材，牢牢把握课文的特点，并形成独特的体验。

（四）结合学生实际确定教学重点

新课标的学段目标、教材的编写意图、课文的特点是确定教学重点的重要因素。此外，教学还必须因人制宜、因班制宜。因此，学生的实际语文能力，也是确定教学重点的因素之一。比如，班上学生的语文能力较强，教师可以把教学目标适当提高一些；反之，可以适当降低一些。

以上四种因素是一个整体。教师要从整体出发，兼顾各种因素，从而确定每篇课文的教学重点。

能否把握课文的教学重点，关系到语文教学的成败，教师切不可掉以轻心！

二、怎样把握单元的教学重点

确定恰当的教学目标，首先要学会找准每个单元的教学重点。一个单元是一个整体，一个单元的若干篇课文应该互相联系，彼此呼应，共同达成一个或若干教学目标。这样教学，才有质量可言。下面我们从小学高段的阅读教学入手，来研究这个问题。

小学高段的阅读教学，如何确定每个单元的教学重点呢？归纳起来，有以下一些思路。

（一）研究新课标的学段目标

新课标的教学目标是分学段拟订的。每个学段的目标与内容又从识字与写字、阅读、写作、口语交际、综合性学习五个方面提出要求。课标实验稿中高段的阅读教学目标有 11 条，新课标中将此项缩减为 8 条，条数虽然减少了，但具体内容并没有变化，只是在文字上稍有改动。对这 8 条内容，我们可以进行简单的分析。

第 1 条是学习朗读，做到能用普通话正确、流利、有感情地朗读课文。这是低、中段阅读教学目标的延续，重在"能用"。

第 2 条是学习默读，做到有一定速度，默读一般读物每分钟不少于 300 字，并学习浏览，扩大知识面。这是一项新的学习内容，不仅要求学生能速读课文，而且要求能速读一般读物。显然，培养快速默读的能力，是高段阅读教学的重要目标之一。

第 3 条是学习词句，做到能联系上下文和自己的积累推想课文中有关词句的意思，辨别词语的感情色彩，体会其表达效果。高段的阅读教学目标比中、低段的阅读教学目标高出一个层次，特别是要求学生学会联系上下文和自己的积累“推想”，有一定的难度。

第 4 条是学习文章的基本表达方法，了解文章的表达顺序，并从中体会作者的思想感情。这一条与写作密切相关，是高段阅读教学的重点之一。

第 5 条是学习阅读不同文体的课文，包括叙事性作品、诗歌、说明性文章等，了解不同文体的特点并学着在写作中运用。

第 6 条是学习标点符号。高段主要学习顿号与逗号、分号与句号的不同用法。要求学生掌握的标点符号虽少，但与表情达意密切相关，不可小视。

第 7、8 条是诵读、背诵优秀诗文与扩展阅读面。

以上几条，是新课标规定的高段阅读教学目标，教师要以此为依据来确定高段教材中各单元的教学重点。离开新课标规定的阅读教学目标，信马由缰地开展教学，想教什么就教什么，就会偏离正确的方向，不足取。

（二）钻研教材的编写意图

教材是以课标为依据编写的。高段的人教版语文教材，每个单元的开头都有提示，我们可以从提示中发现单元的教学重点。如人教版五年级上册第六组的提示中有这样一段话：“认真阅读课文，把握主要内容，想一想作者是怎样通过外貌、语言和动作的描写表现父母之爱的。”这样的提示，其实正是单元教学重点的提示。用心钻研教材，在高段各个单元中大都可以发现类似的提示。

然而，仅凭单元提示还难以确定完整而恰当的教学重点。比如，许多单元提示重课文内容，轻语言学习，教师读后往往分不清什么是重点，什么是非重点。又如，有些单元只有课文内容提示，而没有语言学习提示，教师读后不能明确教材的编写意图。还有，新课标规定的许多教学目标，如推想词句、学习标点，均未进入任何一个单元提示。再者，不少教学重点，如培养学生的速读能力，非一朝一夕可以成功，可是关于速读的单元提示在教材中仅出现过一次。鉴于此，教师开展教学，仅仅钻研教材是不够的，教师应在钻研新课标的基础上对教材进行再创造，重新确定单元教学重点。

（三）渗透学习方法

掌握方法，形成习惯，也是阅读教学的重要目标。这对学生学习语言文字运用至关重要。如高段学生必须学会默读批注，边读边想，“不动笔墨不读书”，此种习惯一旦养成，将受益终生。学习方法的掌握，要有机渗透到相关单元的教学目标之中。

为了方便教师教学，我们依据上述思路，对人教版高段 4 本教材共 30 个单元的教学重点进行了系统设计。这些单元教学重点的设计，紧扣新课标的学段要求，参考了教材的单元提示，注重结合教材的特点，渗透了学习方法，具体明确，容易操作。

五年级上册单元教学重点

单元	单元教学重点
第一组	1. 学习用较快的速度阅读课文，把握课文的主要内容。 2. 能厘清课文记叙的顺序。 3. 学习用第二人称写文章。 4. 领悟并运用课文中介绍的读书方法。
第二组	1. 用心体会课文怎样用精美的语言表达情感。 2. 领悟课文是怎样通过景物或事情表达情感的。 3. 学习用批注法阅读课文。

（续表）

单元	单元教学重点
第三组	1. 能抓住说明文的要点。 2. 了解说明文基本的说明方法，并学着写说明文，会使用列数字、举例子等说明方法。 3. 体会说明文语言的准确、生动，并学着运用。
第四组	1. 能独立把握课文的主要内容，领会作者从生活中得到的启示。 2. 体会关键词句的含义及表达效果。 3. 领悟生活启示类文章的写作方法，并学着运用。
第五组	1. 策划开展小组活动，学着写活动计划。 2. 了解汉字的特点、起源和演变，引发对汉字的兴趣。 3. 学写简单的调查报告。 4. 培养探究精神。
第六组	1. 能有感情地朗读课文，感悟人物形象的特点。 2. 推想词句的含义，体会课文怎样用精美的语言表情达意。 3. 学习通过外貌、动作和语言的描写表现人物的特点。
第七组	1. 能有感情地朗读课文，学习用恰当的词句表达强烈的感情。 2. 能厘清文章记叙的顺序。 3. 学会搜集、整理资料。 4. 领悟课文的写作方法，并学着运用。
第八组	1. 学习快速默读课文，抓住记叙的线索，把握课文的主要内容。 2. 领悟描写人物的一些基本方法，并学着运用。 3. 学习用恰当的语言文字表达情感。

五年级下册单元教学重点

单元	单元教学重点
第一组	1. 学习快速阅读课文，把握课文的主要内容。 2. 品味优美的语言和含义深刻的句子，领悟这样写的好处。 3. 学习情景交融的写法，并试着运用。
第二组	1. 能有感情地朗读课文，体会课文表达的真情实感。 2. 品味优美的语言和场面描写的特点。 3. 领悟作者是怎样留心观察生活，用心感受生活，真实地表达自己的感受的，并试着在习作中运用。
第三组	1. 感悟语言的艺术魅力，学习用简洁、精美的语言表情达意。 2. 搜集、积累用得精妙的语言，并试着运用。 3. 学习用批注法阅读课文。 4. 了解不同体裁文章的表达方法。
第四组	1. 入境入情地朗读课文，体会作者表达的思想感情。 2. 搜集精妙的语言，学习用得体的语言表情达意。 3. 领悟文章的表达方法，如记叙中抒情、人物描写、设置悬念、环境描写。
第五组	1. 爱读、会读我国的古典文学名著。 2. 快速默读课文，学会推想文中重点词句的意思。 3. 感受人物形象，体会古典文学名著在人物描写方面的特点。
第六组	1. 了解信息传播的方式及变化。 2. 学习搜集、处理信息，学会写简单的研究报告。 3. 培养探究精神。
第七组	1. 默读时采用批注法，从语言文字中感受鲜活的人物形象。 2. 品味作者是怎样抓住特点来写人的。 3. 学习描写人物的方法，并在习作中学习运用。

（续表）

单元	单元教学重点
第八组	1. 抓住课文的主要内容，了解不同地域的民族风情特点。 2. 学习用批注法阅读课文，积累课文中的优美语言。 3. 揣摩作者是怎样抓住景物、风情的特点来写的，并学着运用。

六年级上册单元教学重点

单元	单元教学重点
第一组	1. 学习用较快的速度默读课文，把握课文的线索。 2. 体会作者是怎样用精美的语言表情达意的。 3. 体会作者是怎样细心观察大自然的，有哪些独特的感受。 4. 体会如何在写景中展开联想和想象，用拟人的方法写景，并学着运用。
第二组	1. 能有感情地朗读课文，独立把握课文的主要内容。 2. 体会关键词句在表情达意方面的作用。 3. 领悟课文的表达方法，并学着运用。 4. 学习分号的用法。
第三组	1. 学会在默读时采用批注法，体会课文表达的情感。 2. 学习描写人物的方法，并学着运用。 3. 体会环境描写的作用。
第四组	1. 默读课文，能用简洁的语言概括课文的主要内容。 2. 领悟课文中的排比句，并学着运用。 3. 领悟并学着运用课文中的说明方法。
第五组	1. 能有感情地朗读课文。 2. 联系上下文推想词句的含义。 3. 学会厘清文章的思路，体会含义深刻的句子，感受鲁迅先生的崇高精神。 4. 学习描写人物的一些基本方法，并试着运用。

（续表）

单元	单元教学重点
第六组	1. 搜集、欣赏诗歌，把握诗歌的特点。 2. 诵读诗歌，把握诗意，想象情境，体会感情。 3. 学写诗歌。
第七组	1. 能用较快的速度默读课文，体会课文表达的情感。 2. 揣摩作者是如何把人与动物、动物与动物之间的感情写真实、写具体的。 3. 学习作者是怎样通过细节描写表达感情的。
第八组	1. 学习在默读时采用批注法，感受艺术的魅力。 2. 品味优美的语言。 3. 学习作者展开联想与想象进行表达的方法，并学着运用。

六年级下册单元教学重点

单元	单元教学重点
第一组	1. 能有感情地朗读课文，独立概括课文的主要内容。 2. 抓住重点句段，领悟文章蕴含的道理。 3. 领悟作者表达感悟的不同方法，并试着在习作中运用。 4. 学会对照注释阅读浅易的文言文。
第二组	1. 学习快速默读课文，读后能厘清文章的写作顺序，分析内容的详略。 2. 体会作者是怎样写出民俗特点的。 3. 体会课文语言的特点。 4. 开展民风民俗调查活动，学习写调查报告。
第三组	1. 能有感情地朗读课文，把握课文的主要内容。 2. 了解课文的叙述顺序，并在习作中运用。 3. 领悟课文的表达方法，如前后联系、以小见大、围绕中心来写。

（续表）

单元	单元教学重点
第四组	1. 学习快速默读课文，用简洁的语言概括课文的主要内容。 2. 把握课文记叙的顺序，并在习作中运用。 3. 把握人物的形象特点，体会人物的思想感情。 4. 比较不同课文的表达特点。 5. 学习顿号的用法。
第五组	1. 用简洁的语言概括课文的主要内容，体会科学精神的含义。 2. 学习用具体事实说明道理的写法，并学着运用。 3. 体会课文语言的准确、简明、深刻。 4. 学习分号的用法。
第六组	1. 感受作者对小学生活和老师、同学、母校的怀念之情，懂得成长需要自己努力，也离不开别人的帮助。 2. 用多种形式表达对老师、同学、母校的感情，学写临别赠言。 3. 在老师的帮助下，与同学一起制作班级纪念册。

三、怎样引导学生发现写作的秘密

发现写作的秘密，学会读中学写，是语用课堂的重要目标之一。

（一）发现写作的秘密，学得有趣有效

著名语文教育家张志公先生说过，教师要带领学生从文章中走个来回。这句话既形象又精辟。所谓“来”，是指通过学习语言文字把握文章的内容、情感、主旨；所谓“回”，是指把课文读准、读通、读懂之后，再探究作者是怎样写的。我们

当下的阅读教学，一般重视带领学生“来”，而极少关注学生“回”，极少引导学生深究作者是怎样写的。这种“有来无回”的阅读教学，严重阻碍了阅读教学效率的提高。

2008年，在江西举办的全国第七届青年教师阅读教学观摩活动中，《猴王出世》（人教版五年级下册）这堂课引起了人们的广泛关注。这堂课的突出特点是引导学生发现课文写作的秘密。在整节课中，教师仅用五分之一的时间带领学生梳理故事情节和主要内容，而用五分之四的时间引导学生品读、咀嚼、领悟、积累课文的语言和表达方法。教师有如下一些可圈可点的引导语。

“猴王的形象已经活灵活现地留在我们的脑海里。那么，吴承恩先生是用怎样的语言把他写出来的呢?”

“请你把目光聚焦在语言文字上，从‘怎么写’的角度思考，你发现了什么秘密?”

“作者写的是活泼、跳跃的石猴，用的语言也非常短促、跳跃、有节奏。正是这样的语言，让我们读到了一个顽皮可爱、活泼跳跃的石猴。内容与语言高度融合，这就叫经典。”

“难怪有一位大师说，一流作品与二流作品之间的区别，往往只差几个字。同学们，像这样描述石猴的语言——短促、重复，文中还有几处，你们读一读，再感受感受。”

“大家一定发现：读经典，不仅要读懂‘写什么’，更要去思考作者是‘怎么写’的，因为‘写什么’人人都看得见，‘怎么写’对于大多数人来说却是个秘密。”

教师自始至终紧扣“发现写作的秘密”来教，给人留下了深刻的印象。

四年级以上的学生把一篇课文读通、读懂并不难。如果我们的教学始终停留在理解内容上，就有“炒现饭”之嫌；如果在内容的深度上不断挖掘，又难免丢失“语文味”。因此，在学生初步读懂课文的基础上，把教学的着力点转移到“发现写作的秘密”上来，不失为开展阅读教学的大智慧。

让学生发现写作的秘密，抓住了阅读教学的主要特点。中、高段的阅读教学，既应让学生读懂课文写了什么，更应让学生探究课文是怎么写的，如课文怎样遣词造句，怎样把意思写得清楚明白，怎样把重点的地方写具体，怎样安排文章的顺序，怎样抓住特点来写等。这些都是阅读教学的分内之事。

让学生发现写作的秘密，学生必须“跳起来摘果子”。读懂课文的内容并不难，发现写作的秘密却有一定的难度。阅读教学不能总是从“已知”到“已知”，那样教，学生的兴趣就会丧失殆尽。而写作的秘密是隐藏在文字后面的东西，对学生来说是一种“未知”。从“已知”探求“未知”，“跳起来摘果子”，兴趣自然就有了。

让学生发现写作的秘密，能使读与写融为一体。读，可以提升层次；写，有经典作为借鉴。这样教，教学效率才能得到有效的提高。

让学生发现写作的秘密，必然要由“言”入“意”，这样，“言”“意”才能兼得。

（二）发现写作的秘密，一课瞄准一个点

教学精读课文，一般会安排两课时：第一课时侧重从“怎么读”的角度来教，如怎样朗读，怎样默读，怎样联系上下文理解词句，怎样把握课文的主要内容等；第二课时则侧重从“发现写作的秘密”的角度来教。教学略读课文，可以像《猴王出世》那样，先花一点儿时间让学生把握课文的主要内容，然后把主要精力放在引导学生探究写作的秘密上。

小学教材中的课文，大都是经典的文章。每篇课文在写作上都会有若干特点，有的课文，要说出三四个特点甚至七八个特点都不难。而教学不可四面出击，一般每课抓一个（最多抓两个）"点"即可。这样突出一个重点，教学才有成效可言。

这个"点"怎么定？一般来说，要以新课标的学段目标为依据，结合教材的编写意图、课文的特点以及学生的实际来确定。下面以人教版五年级下册教材中的课文为例加以说明。

第一组提示要求体会含义深刻的句子，想想这样写有什么好处。该组第三篇课文《白杨》的突出特点是有不少以物喻人的句子。因此，在本文第二课时的教学中，教师可以把从句子中发现以物喻人这一特点作为教学重点。

第三组提示要求感受语言表达的艺术。该组第二篇课文《晏子使楚》的基本特点是晏子语言的机智巧妙。因此，在本文第二课时的教学中，教师可以把发现晏子语言的机智巧妙作为教学重点。

第四组提示要求认真领悟文章的表达方法。该组第一篇课文《再见了，亲人》在表达上的突出特点是由眼前的送别引出三件往事。因此，在本文第二课时的教学中，教师可以把发现作者怎样由眼前的事联想到往事作为教学重点。

第七组提示要求体会作家描写人物的方法，并在习作中学习运用。该组第一篇课文《人物描写一组》共有三篇短文，结合课文特点，教学《小嘎子和胖墩儿比赛摔跤》一文时，教师可以侧重于让学生发现人物动作描写的秘密；教学《临死前的严监生》一文时，教师可以侧重于让学生发现细节描写的秘密；《"凤辣子"初见林黛玉》一文时，教师可以侧重于让学生发现人物语言描写的秘密。

教学第七组的略读课文《金钱的魔力》时，教师可以侧重于让学生发现作者抓住人物语言前后变化进行写作的秘密。

教学第八组的略读课文《彩色的非洲》时，教师可以侧重于让学生发现作者抓住"彩色"这一特点来写非洲风情的秘密。

……

（三）发现写作的秘密，要精心设计教学主线

确定每课教学的“点”之后，教师要围绕这个“点”精心设计教学主线。教学主线的设计有多种思路，常用的思路是整体感悟—引领“举一”—放手“反三”—归纳总结—课堂练笔。现以《匆匆》（人教版六年级下册）一文的第二课时教学为例来具体说明。

1. 整体感悟，提示目标

师：上一节课，我们初读了朱自清先生的《匆匆》这篇课文，不少同学读得很入神，被这篇优美的散文深深感动了。那么，读了这篇散文，你有什么整体印象？请用一个词语或一句话说一说。（学生说）

师：这篇文章是1922年写的，离现在快一百年了。近百年来，写珍惜时间的文章多如牛毛，别的文章多是昙花一现，《匆匆》这篇文章却能流传百年，让人百读不厌，成为散文经典，这是什么原因呢？（引起思考，不要求学生回答）

课件出示歌德语：“内容人人看得见，含义只有有心人得知，而形式对于大多数人而言，是一个秘密。”（读）

师：《匆匆》之所以流传百年，让人百读不厌，一个重要原因是写得很美，每一句话都是一串珍珠。这节课，我们一起来发现这篇文章写得美丽的秘密。（板书：发现秘密）

2. 引导学习第一自然段，师生共同发现秘密

读第一自然段，问学生最喜欢哪一句，学生一般会回答喜欢开头的三个短句，用课件出示“燕子去了，有再来的时候；杨柳枯了，有再青的时候；桃花谢了，有再开的时候”。（读）

师：这三个短句表达了什么意思？

生：世上许多事物消失了又会回来。

师：是的，大家读一遍，就能把意思弄懂。可是作者为什么不写“世上许多事物消失了又会回来”，却写成这三个短

句呢？

课件出示两个句子，让学生比较。问：这两个句子表达的意思是一样的，你喜欢哪一句？为什么？读一读，比一比，发现秘密在哪里。

引导学生发现排比句式，排比句式读起来很有节奏感；引导学生发现三组反义词，“去”对“来”，“枯”对“青”，“谢”对“开”，对得非常工整；引导学生发现作者捕捉的三个形象——燕子、杨柳、桃花，这些形象多么生活化！然后把这个排比句反复读几次，读出形象感和节奏美。对比读另一句，看看是否有形象感和节奏美。

师：这就是经典。你们看，经典作品的语言多么形象。（板书：语言形象）这个排比句简直就是一首诗。（把这个排比句变成六行诗，用课件展示，让学生吟诵，读出味道来）

师：作者为什么要说世上许多事物消失了又会回来呢？原来作者是要引出下面一个问题。（课件出示“但是，聪明的，你告诉我，我们的日子为什么一去不复返呢？”）作者原本是要提出一个问题，可是他偏偏先不说，而是先说世上许多事物消失了又会回来，这样写有什么好处？

生：把物与人对比起来写。

师：了不起的发现！这样对比起来写，对时间一去不复返的感情就表达得十分强烈。同学们只要睁大眼睛，就能发现作者写文章的许多秘密。这样读，就是会读书了，读出了文字背后的东西。对课文后面的几段，我们还要这样来读。

3. 学习其余各段，学生独立发现秘密

师：接下来我们分三组，每组重点学一个自然段，发现写作的秘密，你可以在课文中画线批注，也可以与同桌交流，时间为五分钟。（学生自学，教师巡视）

五分钟后反馈。反馈可按第二、三、四自然段的顺序进行，不必打乱文章的顺序。每个自然段的反馈，可让学生充分述说自己的发现，教师相机评价与点拨。

(1) 学习第二自然段，教师相机点拨“八千多日子已经从我手中溜去”一句。

师：“八千多日子”，请算一算，作者当时有多大年纪呢？(两种算法：一种是用“八千多日子”除以每年的 365 天；另一种是了解作者出生于哪一年，写此文是哪一年，这样就可以算出作者当时大概是二十四岁)

师：那么，我们把这个句子小改一下：“二十四年已经从我手中溜去。”这样写，与原文相比，哪一句更好？

引导学生体会：改的句子是按年来算的，作者写的句子是按天来计算的。按天来算，可见作者多么珍惜每一天。这样写，珍惜时间的感情表达得十分强烈。

师：同学们请注意，这时候的作者已经写出了许多经典的作品。(可以补充一些材料)《匆匆》这篇流传百年的文章就是当时写的。年纪轻轻的朱自清当时在文坛中已经很有名气，为什么作者还说“八千多日子已经从我手中溜去”？为什么还说“像针尖上一滴水滴在大海里，我的日子滴在时间的流里，没有声音，也没有影子”？我觉得他有声音，有影子，但他为什么这样说呢？

引导学生体会：《匆匆》一文表达的不仅是惜时，更是争时。“一万年太久，只争朝夕。”他觉得时间对于他，实在是太不够了。尽管他已经很有成就，但他觉得自己做得太少了。作者并非简单地叹息时间过得太快，而是鞭策自己要做得更多。这一思想应贯穿于全文的教学过程中。

(2) 学习第三自然段，教师相机点拨文中多处用了“他”字。

这个“他”指的是时间。如果学生反馈时能独立发现这一秘密，更好；如不能发现，教师可以点拨。

师：这段话有多个“他”，“他”指什么？（时间）既然指时间，就应该写“它”，为什么写成“他”？（学生很容易发现这是运用了拟人手法）

师：你的脑子里是否出现了一位时间老人？请你把他的姿态描述一下。

引导学生发现句子中的动词：跨、飞、溜、闪，体会这位时间老人“匆匆流逝”的身影。

（3）学习第四自然段，教师相机点拨文中连用了六个问句，充分表达了惜时、争时的感情。

以上三个自然段的反馈，教师要紧扣“发现写作的秘密”这一重点进行引导，让学生把这种发现说得具体一些，如果能写下具体的批语，读一读更好。对于学生的发现，教师应给予鼓励性的评价，如“你的眼睛真尖”“你真有眼光”“你很会发现”“这么难发现的秘密都被你发现了，真了不起”“老师要拜你为师”等。要针对学生发现秘密的不同水平，采用不同的评价语，不要笼统地说“好”“不错”之类的话。

4. 课堂练笔，仿写句子

可出示两题，让学生任选一题。

（1）仿写开头的排比句（“燕子去了，有再来的时候……”）。

以青天、太阳、彩虹为形象（也可以自己另选别的事物）。

（2）仿写第三自然段中的排比句（“洗手的时候，日子从水盆里过去……”）。

以上两题，第（2）题较易，第（1）题较难，可以激励学生中的“高手”做第（1）题。反馈时，注意仿写的句子中是否有三对反义词。

5. 课堂总结

课堂总结仍然要回到教学重点上来。

师：这节课，我们的收获很大，经过努力，我们发现了许多秘密：既发现了语言方面的秘密（语言形象生动），又发现了情感方面的秘密（惜时、争时）。

课件再现歌德语，学生读一遍。

师：今后我们读书，也要像读《匆匆》一样，学会发现写作的秘密。

引导学生发现写作的秘密，除了前面指出的，一课要突出一个“点”，而不要贪多求全之外，还要注意把写作的技巧与表达的内容结合起来。要让学生明白，写作技巧是为表达内容、情感、主旨服务的，而不是为了凸显技巧而运用的。因此，引导学生发现写作的秘密，要重在发现如何用恰当的形式表达内容的秘密。《匆匆》一课的教学，把发现语言形象生动的特点与发现作者惜时、争时的感情结合在一起，就是一个好的实例。这样教，由“言”入“意”，“言”“意”结合，就能实现“言”“意”兼得。

四、怎样将工具性目标与人文性目标整合为一体

（一）阅读教学目标的误区

当下阅读教学目标的设计，有不少的误区，请看实例。

［例一］

《穷人》（人教版六年级上册）教学目标设计

知识与能力

1. 学习 12 个生字，掌握“舒适”“抱怨”等 15 个词语。

2. 学习在默读时采用批注法，提高默读的能力。

3. 理解课文的内容，感受桑娜、渔夫的勤劳与纯朴。

4. 体会心理描写的特点。

过程与方法

1. 学习在默读时采用批注法。

2. 学习心理描写的方法。

情感态度与价值观

1. 学习桑娜和渔夫宁可自己受苦也要帮助他人的美好品德。

2. 体会人物内心感情的变化。

[例二]

《白杨》(人教版五年级下册)第二课时教学目标设计

1. 有感情地朗读课文。

2. 揣摩优美的语言,体会句子的深刻含义。

3. 感受爸爸的心愿,体会边疆建设者扎根边疆与建设边疆的奉献精神。

4. 学习借物喻人的写法。

以上两例反映了当下小学语文教师确定阅读教学目标的常用模式。

第一种模式,我们称之为“三维式”。这样设计教学目标,意在体现新课标三个维度的特点,用意是好的。然而明眼人一看就会发现其弊端:一是目标太多,一堂课八个教学目标,平均每个教学目标用时只有五分钟,教学岂不会蜻蜓点水?二是教学目标之间你中有我,我中有你,大都为交叉或包含关系。若按这样的目标进行教学,岂不是重复啰唆,学生还有兴趣学下去吗?三个维度是建构课程目标的整体框架,而教学一篇课文,应把三个维度整合为一体,选准一个重点目标切入,从而带动多元目标的同步达成。

第二种模式,我们称之为“并列式”。这是当下不少语文教师用得较多的一种教学目标设计模式。这种“并列式”比起“三维式”要好,因为它的条目相对较少,条目之间意思明白,不存在交叉或包含关系。然而，这种“并列式”也有明显的不足：一是几个目标之间是并列关系，四个目标四足鼎立，看不出重点，而一堂课如果没有重点，就可能是一盘散沙。二是把工具性目标与人文性目标人为地割裂开来，似乎体会思想感情（人文性目标）与朗读课文、揣摩语言、领悟表达方法（工具性目标）是不相干的两码事。目标的割裂，很可能导致教学中工具性和人文性的分离。三是把领悟表达方法与揣摩语言分隔开来，可能导致学生产生错误的认识：文章的表达方法似乎可以独立于语言之外，成为一种不可捉摸的东西。因此，这种“并列式”的设计模式也是教学目标定位的一种误区。

教学目标的设计关系到一堂课的效率和成败，教师切不可掉以轻心。

（二）阅读教学目标整合的思路

教学目标的设计贵在整合，教师要在深入钻研新课标和教材的基础上整合。所谓整合，从哲学层面来说，就是要善于抓住事物的主要矛盾来解决问题；从语文教学的层面来说，课文中的各种因素会构成一个有机联系且不可分割的整体，抓住一个要点就可以带动全篇。阅读教学目标的整合有以下思路。

1. 围绕培养语文能力这个基点来整合

语文教学的基点是培养学生的识字写字能力、阅读能力、写作能力和口语交际能力。学习语言文字运用是语文教学的第一要务。新课标的学段目标并未从知识与能力、过程与方法、情感态度与价值观三个维度来构建目标体系，而是主要从培养语文能力的角度出发的，其他目标（如知识、方法、情感等）则有机地渗透其中，并未成为独立的目标条目。新课标已为我们指明了方向，并进行了整合的示范。这样的指导思想，同样适用于设计课文的教学目标。

如前面提到的《穷人》一课，教师设计了八个教学目标，我们略做分析即可发现，学习在默读时采用批注法，学习心理描写的方法，这两点与培养学生的语文能力直接相关，可以作为重点来整合其他目标。然后进一步整合，第一课时以学习在默读时采用批注法为主要目标贯穿全课。在进行批注时，必然会学习词句，必然会涉及对课文内容的感受与理解，必然会经历默读的过程，学习默读的方法，这样，一个主要目标就可以带出若干次要目标。第二课时以学习心理描写的方法为主线贯穿全课。在此过程中，必然会涉及人物的情感和品德，同样，一个主要目标会带出其他目标。这样整合之后，一个课时突出一个重点，又能兼顾其他，不但教师教起来顺手，而且学生学起来顺心。

2. 注重工具性目标与人文性目标的整合

确定教学目标时，有些教师习惯于把工具性目标与人文性目标分开来设计，从而形成了并列式的目标结构，这其实是不妥当的。一篇课文的工具性与人文性并非相互独立的，而是互相依存的，就如花蕾与花瓣，或花的形状和颜色，二者共存于一个统一体。如词句与情感就是一个统一体：情感靠词句来表达，而词句必然表达相应的情感。再如，文章的写作方法与文章的主旨和情感也是一个统一体：写作方法必然为表达某种主旨和某种情感服务，离开了这些，就写作方法讲写作方法是毫无意义的。因此，在教学设计中，教师要学会把工具性目标与人文性目标整合为一体，并形成贯穿于全课的主目标。

如前面提到《白杨》一课第二课时的教学目标设计，教师分别从朗读、学句、悟情、学习写法四个方面设计教学目标，而没有整合出一个统摄全过程的主要目标，这样进行教学难免散乱无章。其实，这四个目标完全可以整合为一个主要目标：学习借物喻人的写法，感受爸爸扎根边疆的心愿。全课以学习借物喻人的写法为主要目标贯穿始终，这个主要目标必然会带出其他三个目标：学习借物喻人的写法，从典型句子入手，“学句”的目标即可渗透其中；抓住了典型句子，就可以引导学生朗读这些句子，“朗读”的目标即可渗透其中；借物喻人，必然要涉及爸爸的心愿和感情，这样，“悟情”的目标也就自然渗透其中了。于是，就使工具性目标与人文性目标融为一体，学习写作方法与体会人物思想感情融为一体。这样教，既符合课文的特点，又有利于提高教学效率，是语文教学的一种高境界。

3. 重视语文能力目标之间的整合

如果一堂课在语文能力的培养方面设置了两三个教学目标，教师教学时不可平均用力，要从中选定一个主要目标，将其他目标渗透其中。究竟以哪一个为主要目标，要视具体情况而定。总之，设计教学的主要目标，有如构思一篇文章的中心，无中心不成文，无重点不成课。

（三）整合之后教学主线设计举例

目标整合之后，要紧紧围绕教学重点设计教学主线，并将其他目标有机渗透其中。现举若干课例供教师参考。

［例一］

《鲸》（人教版五年级上册）第一课时教学目标的整合

教师可能会设计以下教学目标。

1. 能默读课文，掌握有关生字词。

2. 了解关于鲸的体形、种类、生活习性等方面的知识。

3. 抓住要点，把握课文的主要内容。

以上三个目标，不宜并列式地按先后顺序去实施，而要从三个目标中选定一个教学重点，即选定“抓住课文要点”作为教学重点。为什么要以此为教学重点呢？第一，这是一篇说明文，新课标的学段目标对教学说明文的要求是“能抓住要点，了解文章的基本说明方法”，“了解说明方法”可以安排在第二课时，第一课时重在“抓住要点”。第二，课后第一道思考题为“默读课文，说说课文是从哪几个方面介绍鲸的……”。编者设计这样一道思考题的目的，就是让学生学会抓住要点。第三，“抓住要点”与鲸的有关知识是密切相关的，抓住了要点，自然就了解了鲸的有关知识。

教师可以分以下三步设计教学主线。

第一步，默读课文，用词语概括课文写了哪几个方面的内容。要给学生几分钟时间默读，让学生在默读时画画写写，认真思考，引导学生从体形、种类、生活习性三个方面概括。学生反馈时，要比较谁概括得较准确，以提高全班学生抓要点的能力。

第二步，默读课文第一自然段，了解作者是通过哪些要点来写鲸的体形的。引导学生发现：从鲸的体重、体长、嘴大三个方面来写，说明鲸是一种十分巨大的动物。教师要善于引导学生学会用简洁的语言归纳要点。

第三步，默读课文其余各段，了解作者是通过哪些要点来写鲸的种类和生活习性的。放手让学生自读自悟，教师围绕要点予以点拨。

这样设计，“抓住要点”就成为贯穿全课的教学重点，而其他目标（如默读课文，了解鲸的有关知识）也都渗透其中。这样教，才是教语文，而不是教科学知识。

[例二]

《地震中的父与子》（人教版五年级上册）第二课时教学目标的整合

教师可能会设计以下教学目标。

1. 能有感情地朗读课文。

2. 体会重点句子的含义。

3. 体会父子之间深情的爱。

4. 学习作者抓住人物神态、语言和动作的特点写人。

以上四个目标，可以整合为一个教学重点：品人物描写，悟父子深情。这样的目标定位，将工具性目标与人文性目标有机统一，使语文能力的培养充分彰显。

围绕这一教学重点，教师可以分以下三步设计教学主线。

第一步，用典型句做示范。可以考虑从下面这几个句子切入："有些人上来拉住这位父亲，说：'太晚了，没有希望了。'这位父亲双眼直直地看着这些好心人，问道：'谁愿意帮助我？'"教师提问："好心人劝父亲，父亲为什么'双眼直直地看着这些好心人'？这里的神态描写要表达什么感情？"（领悟：父亲对这些好心人的劝告表示怀疑和不认同。他心里在想："我的儿子一定活着，怎么能说'没有希望了'？"）再问："好心人说'太晚了，没有希望了'，父亲为什么不回答'还不晚，还有希望'，却偏偏答非所问地说'谁愿意帮助我'，这句话表达了父亲怎样的心情？"（领悟：父亲认为"太晚了，没有希望了"这句话根本不值得回答，他相信他儿子一定还活着，何况父子之间还有约定呢！父亲的一句话，表达了坚定的信念和对儿子深挚的爱）领悟之后再朗读，并归纳：作者很善于通过神态描写和语言描写来表达父子之间深情的爱。这样教，"言""意"融合，"言""意"兼得，又为下一步的学习做了铺垫。

第二步，放手让学生找其他描写人物的句子，一边朗读句子，一边领悟描写人物的方法。教师要舍得放手，让学生主动发现，不要局限于教师备课时设想的几个重点句子。反馈时，教师要围绕教学重点对学生进行启发、点拨、评价，不要太多地"节外生枝"。

第三步，进行课堂小练笔。教师可以设计一段描写人物的话让学生修改，增加有关人物神态、动作、语言的描写。

五、怎样围绕目标选择教学内容

"这节课教什么好呢?"数学教师似乎不会提这样的问题，其他学科的教师似乎也都不会提这样的问题，唯独语文教师，面对一篇课文，头脑中首先会冒出这样一个问题。别小看这个问题，它常常让人百思不得其解，常常让高手争论不休，常常成为一堂课成败的关键。

(一) 一则故事的启发

有一位国王交给大臣们一个任务：编一套《古今智慧录》，将世界上最聪明的思想传给子孙。大臣们悉心搜集资料，编成了一部12卷本的巨作，国王看了，说太厚；大臣们精心删减后，编成了一本书，国王看了，又说太厚；大臣们反复斟酌，将一本书浓缩为一章，国王看了，还是说太厚；大臣们又把一章缩成一页格言，一共40条，国王看了，仍然说太厚；最后，大臣们从40条格言中精心挑选了一句，国王看后很满意。

最后选中的格言就是今天我们都很熟悉的一句话："天下没有免费的午餐。"国王让全国所有的人都记住这句话，于是人们变得勤劳了，国家也富裕强盛了。

这个故事告诉我们一个道理：繁中求简，才能成功!

阅读教学也是同样的道理。阅读教学之所以难，一个重要原因就是教师面对一篇课文时不知道如何取舍。任何一篇课文包含的教学内容都有很多：从知识的角度来说，有字、词、句、篇、语、修、逻、文；从能力的角度来说，有朗读、默读、理解词句的意思、把握课文的主要内容、领悟课文的表达方法等；还可以从方法的角度、从习惯的角度、从情感的角度、从内容理解的角度，列出一大堆项目。"麻雀虽小，五脏俱全"，一篇课文就像一只麻雀，每个部位都有研究的价值。

正因为每篇课文都具有这样的特征，所以教师常常会采用错误的做法：一节课多则选七八项教学内容，少则选四五项教学内容，面面俱到地教，没有中心，没有重点，其结果往往是胡子眉毛一把抓，西瓜芝麻一起捡，教学内容多而杂，教学效果难免不佳。

删繁就简是一种大智慧。我国古代的许多智慧，都提倡简洁，如“大道至简”“少则得，多则惑”“删繁就简三秋树”“任凭弱水三千，我只取一瓢饮”等。我国不少优秀的古诗文，少则几十字一篇，多则几百字一篇，几千字的文章很少见；国画，寥寥数笔，便形神兼备；京剧，仅需一把椅子，便能演得惟妙惟肖。简洁比繁杂更有力量，更有效率。

现代的智者，同样提倡简洁。现代社会有“二八定律”之说：在任何一组事物中，最重要的只占其中的一小部分，约20%，其余80%尽管是多数，却不起决定作用。“二八定律”告诉我们：要集中精力抓主要因素和关键环节，以最少的投入获得最大的收获。它提倡有所为而有所不为，提倡学会放弃，提倡“四两拨千斤”。这些观念，对于教师正确选择阅读教学内容，同样是有效的法宝。

（二）学会“四不教”

选择教学内容，有两种基本思路：一种是从“什么需要教”的角度来思考，这是顺向思路、常规思路；还有一种是从“什么不需要教”的角度来思考，这是逆向思路、非常规思路。采用两种思路比采用一种思路常常更富有创意。

关于选择阅读教学内容，薛法根老师有个著名的法则，叫作“三不教”：学生已经懂的，不教；学生能自己弄懂的，不教；教了学生也不懂的，暂时不教。在这个基础上，我想再补充一句：某个内容放到别的课文中去教也许会更好的，不教。这样合起来可以叫作“四不教”。有了这“四不教”，一篇课文需要教的内容就不多了，阅读教学内容就会变得少而精了。

下面我们分学段对教学内容的取舍进行探究。

1. 低段，要凸显字词和朗读，其他内容可以少教或不教

教学，贵在抓住重点和难点。低段的教学，重点和难点是识字写字、掌握常用词语和朗读。抓住了重点，就抓住了根本，其他教学内容可以让学生自主学习或教师适当进行点拨即可。

如《棉花姑娘》一课，可教的内容有如下几项：（1）学认7个字，学写6个字；（2）掌握“盼望”等8个词语；（3）学习分角色朗读课文；（4）体会感叹句表达的感情；（5）了解课文主要讲了一件什么事；（6）理解课文的内容；（7）了解童话的特点；（8）懂得燕子等是有益动物，蚜虫是害虫；（9）培养热爱科学的精神；（10）学习自主识字的方法。如选定以上10项作为教学内容，那么，要用两课时都教完的话，每课时的教学内容就有5项之多。“多则惑”，一手抓5只跳蚤，难免一只都抓不住。

对以上内容，可以进行如下选择：（1）（2）（3）项是关于识字与写字、学习词语和朗读的，是低段的教学重点，应牢牢抓住不放；第（4）项是关于感叹句的，在文本中不突出，不如放到别的课文中去教；（5）（6）两项是关于理解课文内容的，学生读一两遍课文就能明白，不必教；第（7）项是关于童话的特点的，教了学生也不懂，暂时不教；第（8）项是关于有益动物与害虫的知识的，学生已经懂了，不用再教；第（9）项是关于培养科学精神的，应以渗透为主，不必单独设项；第（10）项是关于学习自主识字的方法的，可融入第（1）项进行。这样经过筛选、整合，教学内容只剩下（1）（2）（3）项，其中第（3）项又可以与（1）（2）两项结合。因此真正需要教的只是第（1）项与第（2）项，可以分别安排在两课时中

完成。这样安排，每课时凸显一个重点，比面面俱到地教、蜻蜓点水式地学，效率会高得多。

又如，教学《地球爷爷的手》一课，若花太多的时间引导学生“理解地心引力”，就大可不必，然而有不少的教师以此为教学重点，便是费力不讨好。再如，教学《小蝌蚪找妈妈》（人教版一年级下册）一课，若花许多时间去问小蝌蚪是怎样找到妈妈的，也大可不必，让学生多读几遍，再模仿着自创一段，岂不更好？总之，低段课文教学内容的选择，一般应遵循强化字词和朗读的原则，为学生打下坚实的语文基础。

2. 高段，要凸显对表达方法的领悟，力求读写结合，其他内容可以少教或不教

高段的学生已经有了一定的独立学习的能力。凡是学生已经懂的，教师决不重复讲解；凡是学生能自己弄懂的，教师决不越俎代庖。教师要选择学生必须掌握而又未能掌握的内容进行教学。

如薛法根老师教学《真理诞生于一百个问号之后》（人教版六年级下册）一课时，只重点选择了两项教学内容：一是课文中的一个重点句子——把“?”拉直变成“!”，二是作者叙述三个事例时在写作上的共同特点。其余如学习字词、朗读、概括课文的主要内容、理解课文里讲的三个故事等，一般教师都可能选为重点的，他都没有教。因为他认为，学生在课前对这些内容已充分预习，教师再教，难免在学生已经懂的知识中兜圈子。教学效果证明，这样的选择的确高人一着。

又如《穷人》一课，可教的内容有许多：（1）学生字；（2）学词语；（3）学句子；（4）抄写句子；（5）学朗读；（6）学默读；（7）理解人物形象；（8）体会真情；（9）了解作者和时代背景；（10）把握写作顺序；（11）了解省略号的用法；（12）学习怎样写对话；（13）了解小说的三要素；（14）理解环境描写

的作用；(15) 学习外貌描写和动作描写；(16) 学习心理描写；(17) 心理描写练笔。除了这 17 项，还可列出其他一些教学内容，如果都教，课就会变成“大杂烩”。这 17 项内容，可分为以下五类：第一类，学生能自己弄懂的，如 (1) (2) (3) (4) (5) (6) (7) (8) (9) 项；第二类，学生已经懂了的，如 (10) (11) (12) 项；第三类，暂时不需要教的，如第 (13) 项；第四类，可以放到别的课文中去教的，如 (14) (15) 项；第五类，需要教师教的，如 (16) (17) 项。为什么选 (16) (17) 项呢？因为本课的心理描写最有特色，最值得教，最值得学，而且理解心理描写是难点，难点突破了，其他如掌握重点词句、朗读、理解人物形象等均可同步跟进，体会情感亦可渗透其中，抓一点可以带动多点。此外，抓住心理描写，一课突出一个重点，可以实现读写的有机结合。

教学高段的课文，切忌四面出击。教师要舍得“割爱”，舍得“丢”，“丢”是为了更有效地“得”。教学《一面》(人教版六年级上册)，重在领悟人物外貌描写的特色，其他的可以不教；教学《一夜的工作》(人教版六年级下册)，重在领悟“以小见大”的写作方法，其他的可以不教；教学《景阳冈》(人教版五年级下册)，重在领悟打虎一段几个动词的运用，其他的可以不教……一堂课精选一点来教，比起选若干点来教，效果要好得多。

3. 中段，介于低段和高段之间，可因课而异取舍内容

教学中段的课文，有的可侧重于理解语言，有的可侧重于运用语言。字、词、句难点较多的，可侧重于理解语言；字、词、句难点较少的，可侧重于运用语言。而与理解和运用语言无关或关系不大的内容，则可不教或少教。如《科利亚的木匣》(人教版三年级上册) 一文有这样三道课后思考题：(1) “课文使我很受启发，我要多读几遍。”显然，这是对学生自学的要

求，教师可以不教。（2）“科利亚是怎么找到木匣的？从这件事中他懂得了什么道理？我们来交流交流。”这两个问题，文中都有答案，学生在自学的过程中就能找到这些答案，也不需要教师重点教，在关键处稍加点拨即可。（3）“我要把课文最后一段抄下来。”这也不需要教师教，只要由学生自己去抄，教师检查就可以了。可见，三道课后思考题都不需要教师教，学生自学即可基本解决。对这些学生自学即可把握的教学内容，教师切不可翻来覆去地问个没完，深挖不止。那样教，既无效，又扫兴，费了力却不讨好。

那么，这样的课文是否不需要教了呢？不是！这篇课文真正需要教的，可以考虑以下两项：一是学习默读，并提出疑问。学会默读，并能对课文中不理解的地方提出疑问，是新课标对中段阅读教学的基本要求之一，又是学生阅读课文的难点之一，教师可以多花点儿时间来教。二是学习运用语言。文中有许多表示连接的词句很值得一学，如“终于”“果然”“突然”“不是……而是……”“不光……还……”“如果……就……”“干吗……因为……”。抓住这些词句来教，学生一定会有新的收获。

中段许多课文教学内容的处理，都是同样的道理。教学课文，不要让学生有“炒现饭”的感觉，要有新鲜感，有挑战性。教学《记金华的双龙洞》（人教版四年级下册），理解课文的内容、掌握游览的线索等，都是学生通过自学可以解决的，而画一幅双龙洞的平面图、画出水流的路线却不容易。教学《两个铁球同时着地》，对文中的加速度知识，教师大可不必花许多时间去教（教了学生也不懂），而其中的场面描写则很值得研究；教学《乡下人家》（人教版四年级下册），对屋前种瓜、门前种花、喂养鸡鸭等，教师大可不必问来问去，而如何抓住乡下人家独特的景物来写，则很值得研究。紧紧抓住语言表达的特点来教，就会学得有趣，教得有效。

对教学内容的取舍，其实涉及一个根本问题：语文教学的核心价值是什么？在这个问题上，学术界目前尚未达成共识。但多数人认为，语文教学的核心价值是让学生理解与运用祖国的语言文字。因此，教什么，要在这样一个总的指导思想下动脑筋。人文精神的教育也很重要，它与学习语言文字相比，并无轻重之分，也是语文教学的重要内容。但是，在语文教学中，人文精神的教育不是直来直去的，它的特点是熏陶感染，潜移默化，是“随风潜入夜，润物细无声”，而不是“人文唱主角，深挖又细究”。过早、过深地让学生感悟文章中蕴含的深层次的人文思想，无异于“对牛弹琴”“揠苗助长”。那样教，效果会适得其反。

小学语文教材中也有少数课文，在内容理解上有一定难度，小学生自学未必能准确把握，如《自然之道》（人教版四年级下册）、《只有一个地球》（人教版六年级上册）、《跨越百年的美丽》（人教版六年级下册）、《凡卡》（人教版六年级下册）等，教学这些难度较大的课文时，可以把理解课文的内容作为重点教学内容之一。但是即便如此，也要做到以下两点：一是“披文入情”，即从学习语言文字入手，理解课文的内容和作者所要表达的感情；二是“点到为止”，对一些比较深奥的内容，让学生大体理解即可，而不必深挖细究。

（三）“不教的”与“教的”

“不教的”不等于“不学的”。“不教的”可以分为两类：一类是既不教又不学的，另一类是学生通过自学能弄懂的。对于后者，教师要安排并指导学生自学。自学的方式大体有两种：一是课前预习，二是课内自读。如果学生已在课前预习，教师可以在课内检查；如果学生在课前没有预习，或者多数学生在课前没有充分预习，那就要在课内安排时间让学生自学，并提出自学要求，然后进行检查。教师要舍得把时间留给学生，不要把学生自学的过程变成师生问答的过程。要相信，那些学生通过自学能弄懂的，自学的效果比教的效果要好得多。

除去“不教的”，就可以集中精力解决“教的”了。阅读课的教学内容一旦变得简明扼要，怎么教的问题就好办多了。具体怎么教，教师可以各显神通。只是有一条，不要把“教的”理解为全由教师讲解或问个不停。对于“教的”，教师同样要设计为一个以学生为主体的学习过程，只是应在适当的时候进行必要的提问、讲解、启发、示范而已。弄清“不教的”，并且舍得不教，“教的”就会精彩纷呈。

六、怎样诊断教学重点错位的课例

语文教学的效率不高，主要是指阅读教学的效率不高。阅读教学的效率不高，主要原因是教师面对一篇课文时不知教什么。教什么比怎么教更重要，它是阅读教学首先要解决的问题。别的学科，如数学、科学、品德等课程，教什么已体现在教材之中，教师比较容易把握。语文课的识字、写作等内容，教什么在教材中也有明示。唯独阅读教学，教什么在现有教材中没有明确呈现，它深深地隐藏在课文里面，要靠教师反复钻研新课标、教材才能确定。教什么，从本质上来说，就是如何确定一篇课文的教学重点，这个问题关系着一堂课的性质、方向和成效。若教学重点不明或有误，一步走错，就会全盘皆输。下面我们结合几个问题课例进行剖析。

问题课例一　《棉花姑娘》（人教版一年级下册）

教学重点：让学生懂得爱护有益动物，热爱科学。

教学过程：

1. 懂得燕子是益鸟，会捉空中飞的害虫。

2. 懂得啄木鸟是益鸟，会捉树干里的害虫。

3. 懂得青蛙是有益动物，会捉田里的害虫。

4. 懂得七星瓢虫是益虫，会捉棉花上的蚜虫。

有关教研部门曾组织部分教师共同进行《棉花姑娘》一课的教学设计，有24位教师参加，其中16位教师把“让学生懂得爱护有益动物，热爱科学”作为教学重点，并围绕这个重点设计了教学主线。

选择这样的教学重点显然是不妥当的。第一，它不符合学情。燕子、啄木鸟、青蛙等是有益动物，这些常识学生已经知道了，把“已知”作为教学重点，不妥。七星瓢虫吃蚜虫的知识，学生也许不知道，但只要读读课文就懂得了，也不难。第二，它没有抓住“未知”。课文中有7个要求会认的字，有6个要求会写的字，这是学生的“未知”。对低段的学生来说，要学好这些字，得花不少气力，这一内容理应成为重点。何况新课标已明确指出：“识字、写字是阅读和写作的基础，是第一学段的教学重点。”这个指导思想，在教学课文时同样适用。

低段的课文教学，一般要抓住两个重点：一是训练识字写字，二是培养朗读能力。教学《棉花姑娘》一课，可以按两课时设计：第一课时，教学重点是学认7个字，初步读通课文；第二课时，教学重点是有感情地朗读课文，学写6个字。这样设计，可以凸显低段教学的特点：重在培养识字与写字能力和朗读能力。围绕这两个重点设计教学主线，教学才不致走偏方向。

问题课例二　《太阳》（人教版三年级下册）

教学重点：了解太阳远、大、热的特点以及太阳与地球的密切关系。

教学过程：

1. 理解太阳远的特点。

2. 理解太阳大的特点。

3. 理解太阳热的特点。

4. 理解太阳与地球的密切关系。

《太阳》是一篇说明文。说明文一般都会涉及许多科学知识。于是，教师就把课文中涉及的科学知识作为教学重点。在语文课中，教说明文的主要目标是什么？这是许多教师没有弄明白的问题。说明文中会有许多学生原来不明白的知识，这些知识学生应该大体弄明白，这是毋庸置疑的。然而，学习这些课文时，理解知识只是次要目标，主要目标是学会读说明文，并领悟写说明文的方法。"授人以鱼，不如授之以渔"，如此而已，并不复杂。

课例所确定的教学重点，着眼点是课文的内容，即有关太阳的知识。如果这样教学，很可能把一堂语文课上成科学课，学生学完课文后，只知道太阳远、大、热的特点以及太阳与地球有密切关系，恐怕在语文能力方面收获甚微。这是"教教材"，不是"用教材教"，是得"鱼"不得"渔"，是得"意"不得"言"。

确定这篇课文的教学重点，可以从课后的思考题中受到启发。"课文讲了太阳的哪些特点，是怎样写出这些特点的？"第一个问题可以作为第一课时的教学重点，第二个问题可以作为第二课时的教学重点。解决第一个问题，立足点不在于得出太阳远、大、热的结论，而在于学会抓住重点。如课文前三个自然段，分别讲了太阳远、大、热三个特点，教师可以示范教学第一自然段，提出一个有挑战性的问题："这一自然段可以用一个字来概括内容，你们想想，是个什么字？"使学生学会归纳方法——抓住关键字。然后让学生学习用这种方法读第二、第三自然段，也分别用一个字概括。接下来的几个自然段都是在讲太阳与地球的关系，每个自然段都有一个核心意思，也可以用"示范—归纳—自学"的办法来教。解决第二个问题，课文中有一个"泡泡"："我知道这样比较的好处。"这个提示就是引导学生体会用比较法进行说明的好处。教师可以从此处入手，给学生示范讲解，然后让学生自己找别的句子去体会这种说明方法。这样教说明文，学生就能初步学会抓重点并掌握简单的说明方法，既有利于读，又有利于写，而且学习富有挑战性，学生的学习能力能得到提升。

问题课例三　《草原》（人教版五年级下册）第二课时

教学重点：朗读课文，感受蒙汉人民的民族深情。

教学过程：

1. 学习"草原风光图"，感受草原景色的优美。

2. 学习"喜迎远客图"，感受蒙汉人民的深情。

3. 学习"主宾联欢图"，感受蒙古族人民的热情。

《草原》是一篇抒情文，情感浓烈，适合朗读，因而有些教师把"朗读课文，感受蒙汉人民的民族深情"作为第二课时的教学重点。

这样设计教学重点与课文的特点是吻合的，如果是赛课，也有利于调动学生的情感，形成良好的课堂气氛，获得好评。因而这类设计比较流行。然而，流行的不一定就是好的。

说它不一定好，出于两个原因：第一，朗读课文固然是教学目标之一，但是新课标对高段学生朗读的要求是"能"，学习朗读是低、中段的教学重点，因而不必作为高段的教学重点（可作为一般目标）；第二，领悟情感也是教学目标之一，但领悟情感是以得"言"为基础的，要在得"言"的过程中去领悟情感，才能做到"言""意"兼得。

教学情感性强的课文是以情感为主线，渗透语言学习，还是以学习语言为主线，渗透情感，这两种设计思想，反映的是两种阅读教学观。以情感为主线，必然会将学习语言摆在次要、陪衬的位置，而且难免是散乱而随意的，往往一会儿抓个词语，一会儿抓个句子，一会儿又抓表达方法，并无集中的目标。这种重人文、轻语言的设计不利于学生语文能力的提高。

在《草原》第二课时的教学中，教师可以考虑这样确定教学重点：联系上下文，理解并品味优美的句子和含义深刻的句子，并学习运用。确定这一教学重点主要出于以下几点考虑：（1）新课标的小学高段阅读教学目标中有明确要求；（2）该课是第一组的第一篇课文，课文前面有这样的单元提示“联系上下文，体会优美的语言和含义深刻的句子，想想这样写有什么好处”，这个提示就是对教学重点的一种暗示；（3）课文后有“读下面的句子，体会在表达上的特点”这样的思考题；（4）课文的一个十分突出的特点是优美的句子和含义深刻的句子很多，很值得引导学生推敲一番。对这个教学重点，新课标有要求，单元有提示，课文有设计，文中有此特点，然而不少教师视而不见，非要把体验情感作为教学重点不可。这其中的原因，除了不熟悉新课标，没有钻研单元提示和课后练习题之外，恐怕还有一个错误的指导思想在作怪——媚众。这个“众”，不是学生，而是听课的教师或评委。

语文教学的第一要务是培养学生理解和运用祖国语言文字的能力，让学生会读、会写、会说，任何一堂阅读课都不可脱离这个“第一要务”。以理解和品味句子为教学重点，意在引导学生学会读写优美的句子和含义深刻的句子，提高理解、品味、运用语言的能力。同时，句子是表情达意的，在理解、品味、运用句子的同时，学生必然会有情感收获。语文课的情感教育是“随风潜入夜”，而不可“独占鳌头”。

问题课例四　《地震中的父与子》（人教版五年级上册）第二课时

教学重点：感悟地震中的父子深情。

教学过程：

1. 感悟父亲的“了不起”，结合朗读。

2. 感悟儿子的“了不起”，结合诵读。

3. 感悟汶川地震中中国人民的“了不起”，拓展学习空间。

《地震中的父与子》是一篇以写人为主的课文。因为汶川地震在我国人民心中留下了太多的震撼和感动，所以近年来参赛时选择教学这篇课文的比较多，教师的这种心理是可以理解的。然而教学这样的课文应该怎样定位？这是很值得我们深思的。

教学《地震中的父与子》，其主要目的就是让学生经受一次地震中的情感教育吗？是的，教学这样的课文，应该让学生经历情感教育，并且也可以适当联系汶川地震。但是教师切不可忘了这是一堂教写人的语文课，而不是单纯的地震教育课。教学高段教材中写人的课文，要把主要精力放在体悟人物描写上。《地震中的父与子》是五年级上册第六组的一篇课文，教材中有这样明确的提示：“想一想作者是怎样通过外貌、语言和动作的描写表现父母之爱的。”这个提示点明了这个单元的教学重点。《地震中的父与子》是该单元的第一篇课文，具有示范的性质，理应在人物描写上让学生学到点什么，并在后面的课文学习中深入体会。如果把人物描写丢在一边，只根据教师个人的喜好，仅仅在人物品质、情感上做文章，那岂不是丢掉主体了吗？岂不是违背教材的编写意图了吗？反过来，如果教学时重点引导学生关注人物描写，那么学生既能提高读写能力，又能体悟文章表达的感情，就能实现工具性与人文性的统一。

在人物描写上下功夫，可以先从一个典型句子入手。父亲来到那片废墟，开始挖掘，在场的好心人劝他说：“太晚了，没有希望了。”“这位父亲双眼直直地看着这些好心人，问道：

‘谁愿意帮助我？’”这是一个描写父亲神态、语言的典型句子。教学时可以从这句话切入，向学生提问：他为什么“双眼直直地”看着这些好心人？（这些劝他的人也失去了孩子，他们也很悲痛，劝他也的确是一番好意，然而他们太软弱，也缺失救孩子的信心。“直直地看着”，透露了父亲此时的心境）好心人劝他说“太晚了，没有希望了”，他为什么不回答“还不晚，还有希望”，却偏偏答非所问地说“谁愿意帮助我”？（在父亲看来，“太晚了，没有希望了”，这样的话根本不值得应答。他心里想的是“儿子一定活着，我要尽快地把他救出来”。一句话，透露了父亲对儿子深沉的爱）抓住这个描写父亲神态、语言的典型句子，学生就能领悟到这些描写深刻地揭示了父亲坚定的信念和深沉的爱。如果自己写父子之爱，也不能光喊口号，而要用神态、语言来表现。现实生活中的父子之爱、母子之爱等，也不是靠喊口号来体现的，而是从神态、语言、行动中表现出来的。抓住典型句子之后，可归纳一下人物描写方法（如抓住有特点的人物神态，抓住有特色的人物语言），再放手让学生去找课文中其他类似的句子，边读边画，然后反馈、朗读、评价，甚至仿写几句话。这样教，学生既学习了描写人物的方法，又领悟了人物情感，“言”“意”兼得，何乐而不为？

第三章 语用课堂的活动设计

课堂教学，是以师生的活动为基本形式展开的。传统的课堂教学，侧重设计教师的活动，如教师怎么导入、怎么讲解、怎么提问、怎么板书等，立足点是教。语用课堂则侧重设计学生的语文实践活动，立足点是学。由侧重设计教的活动到侧重设计学的活动，是设计思想的重大转变。

一、怎样设计学生的语文实践活动

教学，历来有两种类型：一种是以教为中心，另一种是以学为中心。我们提倡以学为中心的教学类型。以学为中心，就要在设计学生的学习活动上下功夫。下面我们将重点探讨在阅读教学中如何设计学生的学习活动。

（一）学习活动的特征：以学为中心

学习活动的特征，概括起来说，就是以学为中心。阅读是学生的一种学习行为和学习体验，学生的阅读能力必须经历反复阅读、反复思考、反复练习才能提升。教师的教，只能起辅助作用，而决不可代替学生的学。因此，阅读教学，一定要以学为中心，以学生为主体，充分调动学生的积极性和主动性，让学生成为阅读的主人。

以学生的学习活动为中心的阅读教学，与“满堂问”的教学方式相比，具有以下特征。

1. 有相对独立的教学结构

以学生的学习活动为中心的阅读教学，其教学结构是形成学习板块。它立足于学生的学，从学的角度展开学习过程。每堂课一般由三到五个学习板块构成。每个学习板块有明确的学习目标、学习内容、学习方法和学习进程，若干学习板块连接起来，形成以学生为主体的学习链。教师的备课，侧重于学习板块的设计，研究学生应该学什么和怎么学，如何形成学习情境，开展学习过程，指导学习方法，提高学习效率。以教为中心的阅读教学则不然，它立足于教师的教，从教的角度展开过程，备课时侧重研究教的环节设计，研究怎样导入、怎样提问、怎样讲解、怎样过渡、怎样评价、怎样总结、怎样板书等。教师用大量的问题来展开教学思路，学生只需简单应答，给出教师想要的结论即可。这样教，教的结构一般是完整的，而学的结构则是零散的，教师处于主动状态，而学生完全处于被动状态。

2. 有相对独立的学习目标和学习内容

以学为中心的教学，每个学习板块都有相对集中、相对独立的学习目标和学习内容。一个板块一般只达成一个重点学习目标，完成一项重点学习任务。这样设计，目标明确，内容集中，有利于学生形成学习能力。以教为中心的教学往往以分析课文内容为主，朗读、默读、学字、学词、学句、学标点、理解内容、体会感情等诸多目标常常杂糅在一起，这是一种平推式的教学，学习目标十分模糊，学习内容十分庞杂，不利于学生学习能力的形成。

3. 有相对独立的学习时间

以学为中心的教学，学生必定有相对独立的学习时间。每个学习板块都应有 3 到 10 分钟甚至更长的时间让全班学生独立阅读、练笔和思考。一堂课中，全班学生独立学习的时间一般会达到 15 分钟乃至 20 分钟以上。课堂教学整体呈现“静—动—静—动”这种一张一弛的状态。以教为中心的教学则不然，教师始终处于强势牵引状态，不断地提问、讲解、评价，学生只能被动应答，一堂课从头到尾都十分热闹，学生没有时间静下心来阅读、练笔和思考。

4. 有相对完整的学习过程

以学为中心的教学，每个学习板块都有一个比较完整的学习过程。这个学习过程一般由三部分组成：问题情境—自主读练—反馈交流。“问题情境”主要由教师创设，学生参与，教师提出学习目标、学习内容以及学习的具体要求；“自主读练”主要由学生独立完成，这是形成个体阅读体验的基础，是学习板块的核心环节；“反馈交流”是学生自主读练后的延伸、检验和总结，由师生共同参与。这是一个相对完整的学习过程，学生经历了这样一个学习过程之后，语文能力能得到有效提升。以教为中心的教学，往往没有完整的学习过程，学生的语文能力很难有明显的提升。总之，以学为中心的阅读教学，是充分相信学生、依靠学生、服务学生、以学生为主体的教学，是一种教师教得轻松、学生学得有效的教学。

（二）学生活动的时间：应占教学时间的一半以上

一堂阅读课，教与学的时间常常交织在一起，难以区分开来。但是只要稍做分析，就可以有大致的判断。

以教师讲解和提问为主的课，从表面上看，教师的讲解和提问一般占一半左右的时间，学生的应答也占一半左右的时间，师生所占时间似乎是对等的，然而实际上并非如此。因为教师不断地提问，学生不断地应答，这种交流大都是师生之间的个别交流。能参与这种师生个别交流的，一般只占学生总数的百分之二十到百分之五十。这样，全班有百分之五十到百分之八十的学生基本上是看客，他们在整堂课中既很少有机会阅读、练笔和思考，又没有发表意见的胆量与机会。即使是那些参与交流的学生，一堂课大都也只有一两次应答的机会，其余大部分时间也是看客。因此，以教师讲解和提问为主的阅读课，教师是主角，学生基本上是一群看客。

当然，师问生答的教学并非一无是处。问答法是启发学生的有效方法之一，本身无错。但是如果使用过度，一堂课从头到尾密集地提出三四十个问题或五六十个问题，学生始终处于匆忙应答的状态之中，会使教学效果大打折扣。因为它剥夺了学生阅读、思考和练笔的时间。学生在学习中一旦处于被动应付状态，问答法便会成为学习的一种障碍。

新课标提倡的阅读教学课堂，应该是以学生的学习活动为中心的课堂。以学生的学习活动为中心，首要条件就是保证学生的学习时间。学生学一篇课文，要默读，要朗读，要思考，要查字典，要抄写生字词，要写句子，要背诵，要合作交流，还要进行课堂练笔。这些活动是学生学好一篇课文的基础，而开展这些活动的首要条件就是保证学生有充足的时间。时间是一个常数，一节课通常只有40分钟。如果教师讲解和提问的时间太多，那么学生读练的时间就会相对减少，这与阅读教学要以学生的语文实践活动为主的基本观念是相背离的。因此，以学生的学习活动为中心，首先要给学生的学习活动留出充足的时间，即学生的学习活动时间应占教学时间的一半以上。这里说的“学生”，不是指某一个或几个学生，而是指一个班的全体学生。在教学时间上保证以学为主，是“以学为中心”的基础，也是“以教为中心”和“以学为中心”两种教学模式的分水岭。

在教学时间上保证以学为主，一定要改变那种从头到尾师问生答的教学结构，而代之以学习板块式的教学结构，即一堂课不再以教师提问为主线，而是由若干学习板块组成。每个学习板块都有全班学生独立学习的时间，几个板块独立学习的时间相加达到教学时间的一半以上，这样，才能从整体上保证以学为主，充分发挥学生在阅读教学中的主体作用。

（三）学习活动的前提：设计学习目标、学习内容和学习情境

阅读教学以学生的学习活动为中心，并非忽视教师的主导作用。教师的主导作用应集中体现在学习目标、学习内容和学习情境的设计上，也就是说，学生自主学习的平台，主要靠教师来搭建。

1. 要确定恰当的学习目标

确定一堂阅读课的学习目标，应把握以下要点。

（1）坚持“四个吃准”。要吃准新课标中的学段目标，吃准教材的编写意图，吃准课文的特点，吃准学生的实际情况。在“四个吃准”的基础上，综合确定学习目标。

（2）坚持把工具性目标与人文性目标统一起来。教学任何一堂阅读课，都会既有工具性目标，又有人文性目标。在一篇文章中，工具性目标与人文性目标是统一的，因为语言表达与思想内容是不可分割的。教师应学会从“统一”的角度确定学习目标，不可将工具性目标与人文性目标割裂开来。

（3）坚持每课确定一两个重点学习目标。重点学习目标应侧重从培养学生语文能力的角度入手。低段的学习重点是识字写字、词语和朗读，中段的学习重点是词句、段落和默读，高段的学习重点是默读、速读和领悟表达方法。教师要牢牢把握不同学段的重点，以此确定学习目标。

（4）坚持从学的角度确定学习目标。教学一篇课文，教师都要从“要让学生学会什么”的角度确定目标。“课文讲了什么”，这是显性的，易于发现；“要让学生学会什么”，这是隐性的，较难发现。教师要精心钻研并深入领悟新课标和教材。如《真理诞生于一百个问号之后》一文，从课文内容看，主要讲了三个故事和一个道理，有的教师便以为，教学这篇课文只要让学生弄懂三个故事和一个道理就行了，这就是把“课文讲了什么”当成了学习目标，显然是不妥当的。教学这篇课文，关键是要让学生初步掌握议论文用具体事例来说明道理的方法。如果学生在这方面有收获，有进步，那就是一堂成功的阅读课。

2. 要学会选定恰当的学习内容

选定恰当的学习内容，也要把握几个要点。

（1）学会根据学习目标选定学习内容。任何学习内容都是为达到一定的学习目标服务的，因此要围绕学习目标来选定学习内容，而不要把课文内容当作学习内容。如《真理诞生于一百个问号之后》，可考虑确定以下三项学习目标：掌握生字词和重点句子；概括课文的主要内容；学习课文用具体事例说明道理的写法，感受科学精神。目标定下来之后，就要围绕目标选定三个方面的学习内容：选定学生应该掌握的生字词和重点句子；引导学生学会自己概括课文的主要内容；弄清课文讲了几个事例，这些事例与课文讲的道理之间有什么联系，并学习用事例说明道理的写法，学写简单的议论文。以上三项内容，最后一项是重点，需要花费更多的教学时间。

（2）学会把学习内容分配到各个学习板块之中。教师要围绕学习内容设计学习板块，使每个学习板块达到一个学习目标，完成一项学习任务。如《真理诞生于一百个问号之后》，第一课时可以设计这样两个学习板块：自读课文，边读边查字典，学习生字词和重点句子；用准确简明的语言概括课文写了几个事例，并在这个基础上概括课文的主要内容。第二课时可以设计这样两个学习板块：弄清三个事例与“真理诞生于一百个问号之后”这个道理之间的联系，初步掌握用事例说明道理的方法；课堂练笔，用事例来说明一个简单的道理。这样设计，每个板块均有明确而集中的学习目标和学习内容。

（3）学会牢牢抓住重点学习内容。一堂阅读课的学习内容常常不是单一的，而是呈多元化的状态。教师选定学习内容时，既不可“单打一”，又不可面面俱到，均衡用力，而要善于突出重点内容。

3. 要设计好学习情境

教师确定了学习目标、学习内容之后，还要设计好学习情境，为学生提供恰当的学习平台。学习情境的特点是围绕一定的学习目标和内容，为学生提供可操作的学习过程和方法。如《真理诞生于一百个问号之后》的第二课时有两个学习板块，第一个学习板块，教师可以设计这样的学习情境：自读“洗澡是一件非常普通的事情”一段，画出文中提出的问题，想一想，问题是在什么情况下提出来的？又是怎样解决的？问题与文章的中心论点有什么关系？学完该段之后，再迁移到讲事例的其他两段。这样设计，学生必须经历“细读—画线—思考—总结—迁移”的学习过程。第二个学习板块，教师可以设计这样的学习情境：困难像弹簧，你弱它就强，你强它就弱。请你用生活中的一两个事例来说明这个道理，写一篇 300 字左右的短文。学生可模仿课文，采取用事例说明道理的方法，花 20 分钟左右的时间练笔。

（四）学习活动的类别：以阅读、练笔、练习为主

学习活动主要有三种类型。

（1）阅读活动。阅读教学，要以“读”字为先。读的活动有多种，如朗读、默读、速读、精读等。教师要根据新课标的学段目标、教材的编写意图、课文的特点和学生的实际情况，设计不同形式的阅读活动。

（2）练笔活动。阅读教学的任务不仅包括提高学生的阅读能力，还包括提升学生的写作能力。要提升学生的写作能力，光靠几堂作文课是远远不够的。读中学写，读写结合，既是传统经验，又是提升学生写作能力的必由之路。因此，教师在阅读教学中必须精心设计课堂练笔活动。读中练笔，可因学段而异：低段，读中写话；中段，读中写段；高段，读中写篇。

（3）练习活动。教师不要将阅读教学的练习活动完全安排在课外，可以考虑适度安排在课内完成。练习活动包括识字与写字、理解词句、认识标点符号、默写、概括课文的主要内容、理解课文的相关信息等，教师对此都要精心设计，做到针对性强，训练量适度。

二、怎样以朗读为重点设计学习活动

教学课文，要牢牢抓住培养语文能力这个主旨。培养语文能力，涉及培养朗读能力、默读能力、联系上下文理解词句的能力、把握课文主要内容的能力、领悟表达方法的能力、阅读不同文体的能力、创造性阅读的能力等诸多方面。任何一篇课文，都隐含着培养这些能力的要素，但是教学时不可面面俱到，而要根据新课标的学段目标、教材的编写意图、课文的特点和学生的实际情况确定教学重点。

朗读，是小学语文教学的重点目标之一。有些课文的教学，可以围绕朗读这个重点设计教学主线。我们在调查中发现，小学生朗读能力大体过关的约占70%，还有30%左右的学生的朗读能力难以达到基本要求。有的虽然读课文还可以，可是面对一篇陌生的文章，朗读达不到基本要求的，比例达60%以上。试看一些会议中，有的人读文稿，或者眼睛一刻也离不开文稿，或者读起来不顺畅，或者读起来缺乏感情，诸如此类情况，比比皆是，从中就能隐约感觉到朗读教学的不到位。许多小学生朗读水平不高，一个重要原因是教学中忽视朗读的基本训练，许多教师仅仅把朗读作为创设课堂气氛的一种手段，而极少把朗读作为教学重点并围绕这一重点设计教学主线。这样，朗读教学的时间虽然花得不少，但教学效果并不理想。那么怎样以朗读为重点设计教学主线呢？

（一）明确朗读要求

培养朗读能力，是新课标指定的阅读教学目标之一。对此，各学段有共同要求，即“用普通话正确、流利、有感情地朗读课文”。如分开表述，就有四点要求：一是用普通话朗读，而不可用方言朗读；二是朗读要正确，不错字，不丢字，不漏字；三是朗读要流利，要读得顺畅，不回读，不读破句意；四是朗读要有感情，讲究快慢轻重和语气语调。对朗读能力的培养，新课标对各学段有不同的要求：低段重在“学”，中段重在“用”，高段重在“能”。这是教师较少关注的。可见，学习朗读，主要在低段；高段以学习默读为主，朗读退居第二位。

关于读得正确、流利、有感情，各学段的侧重点也是有区别的。读得正确、流利，是基本的要求；读得有感情，是相对较高的要求。低段应把读得正确、流利作为教学重点，之后随着年级的升高，再侧重要求读得有感情。然而现在我们看观摩课、竞赛课，不管哪个年级，上课伊始就要求读得有感情，这与新课标、教材的要求是不符的。现以人教版教材为例，对朗读要求进行如下统计。

教材	课文篇数	要求朗读的篇数	要求有感情地朗读的篇数
一年级下	34	34	
二年级上	34	31	3
三年级上	32	11	13

从统计中可以看出，教材对一年级下册课文的要求只有“朗读”；二年级上册的 34 篇课文，只有 3 篇要求“有感情地朗读”；到三年级，“有感情地朗读”才成为重点。显然，一、二年级的朗读，应重在读得正确、流利。

（二）注重整体安排

无计划、无目的的教学难以提高教学效率。要提高学生的朗读能力，必须重视综合设计，整体安排，具体可以从三个方面着手。

1. 六个年级的整体安排

从小学六个年级的教学安排来说，朗读能力的培养应以一至三年级为主。当然，四至六年级也不应忽视朗读教学，但相对来说，对默读能力的培养会逐步上升到重要位置。

2. 一本教材的整体安排

从一本教材的安排来说，要选定若干篇适合朗读训练的课文，把朗读作为教学重点之一。教学低段任何一篇课文，都会有多种目标，如学习识字写字，联系上下文理解词句，感受、理解、把握课文内容，背诵课文，积累语言……一堂课多种目标并存、交错，这样一来，朗读很难成为教学重点，往往只是作为理解课文的一种手段穿插其中，因此训练很不到位。在这种多元目标同时并存的情况下，我们如果采用"整体设计，一课突破一点"的策略，必能提高教学效率。教师应改变那种"备一课，教一课"的无计划的做法，在开学初对整本教材进行综合分析，选定 6～10 篇适合朗读训练的课文，重点训练学生的朗读能力。

3. 一篇课文的整体安排

从一篇课文的安排来说，可选定一个课时重点训练朗读能力。低段的教学，每篇课文大都要花两课时，那么，前面选定的 6～10 篇课文，就可以分别安排一个课时重点训练朗读。以朗读训练为重点，并非以朗读为唯一目标，其他目标如理解词句、理解内容、体会感情等可以有机渗透其中。

（三）巧设多种思路

以朗读为重点设计教学主线，可以有多种思路。

1. 逐步升级式

逐步升级式，即以朗读训练为主线安排教学环节，逐步提升朗读的要求。如教学《看雪》（人教版二年级上册）一课，第一课时重点学习生字，大体感悟课文的基本内容；第二课时即可围绕朗读训练设计教学主线。本课的朗读训练可以分三步提出要求。

第一步，要求读得“正确”。教师应侧重引导学生读准含生字的词语，如“台湾省”“商店”“橱窗”“指了指”“铺着”“地毯”“银装”等，这样，就把诵读与巩固生字、学习词语融为一体了。

第二步，要求读得“流利”。教师可以挑出课文中的几个长句让学生朗读：“她顺手指了指地图上的北京。”“接着她就给孩子们讲起童年玩雪的情景。”“什么时候能带我们到北京去看看真的雪呢?”“那里的小朋友正盼着你们去和他们一起玩儿呢!”学生读得不流利，主要表现在对长句难以把握，指导学生把长句读好，是读得流利的关键。如上面所举四句话中的最后一句怎么读得流利呢？教师最好引导学生把这句话分作四小节，用竖线标出停顿：“那里的小朋友｜正盼着你们｜去和他们｜一起玩儿呢!”这样分作四小节来读，学生就可以读得比较流利，也容易弄懂这句话的意思。

第三步，要求读得“有感情”。对低段学生来说，不必对“读得有感情”这一项要求过高。本课可以考虑让学生读好文中的四个疑问句，指导学生读好疑问语气。

这样的朗读训练设计，由“正确”到“流利”再到“有感情”，要求逐步升级，每一步的要求都具体明确，又符合新课标的要求，学生每读一次都会有新鲜感。在朗读过程中，学生对课文词句、内容的感悟也会逐步加深。一个学期能这样训练若干次，学生的朗读水平一定会有大幅提高。

2. 举一反三式

举一反三式，指教师着重教学一处，归纳方法，然后放手让学生自己读练，再反馈总结。如教学《两只小狮子》（人教版一年级下册）一课，第二课时可以考虑以朗读训练为重点设计教学主线。对一年级的朗读训练，教师不要急于求成，不要一上来就是“有感情地朗读”，而应更多地关注学生读得是否正确。

这篇课文共有七个自然段，教师可重点指导学生读好第一自然段："狮子妈妈生下了两只小狮子。"别以为读这种简单的句子不需要指导，其实许多一年级的学生不一定能读正确。如学生可能把卷舌音"狮""只"错读成平舌音，把平舌音"子"错读成卷舌音；学生可能把后鼻音"生"读成前鼻音；"妈妈"一词，学生可能读不出轻声。教师可指导学生一边读汉字，一边看拼音，用"双行同读"的方法纠正发音，读准字音。

"举一"之后，教师要以让学生运用"双行同读"的方法，自由练读其他各段。教师巡视时，要对学生进行个别辅导；学生反馈时，教师要特别关注学生能否用课文中的注音来规范自己的读音。对朗读过程中学生遇到的新问题，教师要特别提醒。如文中的"本领"一词，是两个第三声连续，那么"本"就要读成第二声；再如"应该"一词，有些学生会把"应"读成第四声，而普通话中应读第一声。

一年级语文教材的一个突出特点是绝大部分课文都注了拼音，其目的有两个：一是帮助学生学习生字；二是帮助学生学好普通话，学会用普通话正确地朗读课文。编者的用心，我们要细心体会。

3. 难点突破式

难点突破式，顾名思义，即针对学生朗读中的难点设计教学主线。学生朗读的难点一般有这样几个方面：有的读不准字音；有的总是丢字、添字；有的读不好停顿；有的只会唱读；有的读不好人物对话；有的读不出恰当的情感；有的读得平淡，没有抑扬顿挫……朗读的难点，还会因班而异。教师要了解学生的具体情况，一堂课侧重解决两三个难点问题。

4. 当堂评测式

朗读，需要评价与检测。尤其是低段学生的朗读，一定要力求人人基本过关，评测是不可或缺的手段。教学与评测不一定要截然分开，有时可采取“以评代教”的办法处理。“以评代教”的程序分为四步：教师提出评测要求—学生自读准备—学生组内自评—教师抽评或学生展示。“评测要求”可以是全面的，也可以突出某一点。“自读准备”时，要给予学生充裕的时间练读，此时的练读，学生可能思想更集中，效果更好。“组内自评”，一般四人一组，教师应将设计好的评价表发给学生，并让学生掌握评价标准；学生评得大体准确即可，不过分计较等第，重在过程，重在促进学生朗读能力的提高；学生如果自认为需要重新评估，也可以再练再评。这种“以评代教”的朗读课，既可以提高朗读教学的效率，又可以促进“学”“教”“评”的融合，还可以节省单独评价的时间。

（四）指导紧紧跟上

设计一条较好的教学主线，可以保证教学过程围绕教学重点进行。但要进一步提高教学效率，教师的指导必须到位。

一要把朗读与理解结合起来。朗读，既有技巧问题，又有理解问题。如果对课文的内容、情感不甚理解，那么光靠技巧指导就会舍本逐末。朗读与理解是相辅相成的：理解支撑朗读，反过来，朗读又可以促进理解。教学时，教师要力求将二者结合。

二要指导学生发现朗读的秘密。学生朗读能力的提高，不是靠教师灌输朗读知识就能奏效的，而要靠学生在朗读实践中主动发现，如什么地方该短暂停顿，什么地方该停顿得稍长一些，什么地方该读重音，什么地方该读轻声，什么地方该读快一些或慢一些，等等。学生自己发现这些秘密并不难，而且其效果比教师直接点明要好得多。

三要适时示范。孩子的模仿能力很强，尤其善于模仿一些技巧性强的项目。每个班级都会有一些朗读能手，有的孩子的朗读水平甚至可以超越教师，主要原因是这些孩子常常模仿电视、广播中的主持人。模仿是学习朗读的捷径。在课堂上学习朗读，模仿的对象主要是教师。可惜许多教师该示范的时候不敢示范，或不善于示范。教师要努力提升自己的朗读能力，低段的教学尤其要强调多示范，“该出手时就出手”。

四要恰当地使用课堂评价语。对学生的朗读评价，有的教师喜欢说“读得好”“读得真棒”等，然而这样的评价语太笼统，缺少方向性的指导。教师要尽可能用朗读的要求评价学生的朗读，如“读得正确，没有读错一个字，也没有读丢一个字”“读得很流利，特别是对长句的停顿处理得好”“读得很有感情，有轻重缓急，有抑扬顿挫，同学和老师都被深深感动了”等。这类评价语具体明确，可以引导学生明确朗读的要求和方向。

三、怎样以默读为重点设计学习活动

（一）默读缺失引发的思考

有一年，我们参加一次全国小学语文赛课观摩活动时，对学生在课堂上的阅读时间进行了如下统计。

听阅读课节数	平均每节课朗读时间	平均每节课默读时间	高年级平均每节课默读时间
18 节	8 分钟	3 分钟	4 分钟

从统计表中可以看出，平均每节课朗读时间达 8 分钟，说明教师对朗读还是比较重视的。然而，平均每节课默读时间只有 3 分钟，即便是高年级的阅读课，平均每节课默读时间也只有 4 分钟，可见默读在小学语文教学中几乎处于缺失的状态。

教师重视朗读，这是应该的；然而轻视对学生默读能力的培养，却不得不让人担忧。

朗读与默读应该并重，理由如下。

第一，新课标对朗读与默读提出了同等的要求。在新课标的学段目标中，关于朗读，小学低、中、高段均有一个要求；同样，关于默读，也各有一个要求。在“教学建议”和“评价建议”中，新课标对朗读与默读也分别提出了要求。可见，在新课标中，朗读与默读并无轻重之分。

第二，教材对朗读与默读提出了同等的要求。以人教版教材为例，一至三年级的课文，课后大都要求朗读课文，较少要求默读课文。但从四年级开始，每册教材要求默读的课文达10篇以上。有的课文虽未明确提出默读要求，但要回答课后的问题，也非得默读深思不可。可见，教材对朗读与默读关系的处理，从整体上进行了精心设计，并未厚此薄彼。

第三，从朗读与默读的功能来说，它们各有优势。朗读，有利于学生规范运用语言，有利于学生眼、口、耳等多种器官的同时参与，有利于集中学生的注意力，有利于学生受到美的熏陶，有利于形成良好的课堂气氛。特别是学生内部语言还未得到充分发展时，朗读是一种最佳的阅读方式。默读并不具备朗读的这些优势，然而默读的优势却是朗读不可替代的：（1）默读的适用范围广得多，学生的课外阅读以及人们日常工作和生活中的阅读，主要采用默读形式；（2）默读的速度快得多，学生默读时可以一目一行，甚至一目十行；（3）默读有利于深入理解，可快可慢，可以回读，可以停下来思考、动笔，因而能促进思维的发展；（4）默读是实现阅读教学其他各项目标的基础，如联系上下文理解词句、领悟表达方法等，都要以学生的个体默读为基础。正因为默读具有以上诸多优势，所以我们绝不可以把默读摆在可有可无的位置。可以毫不夸张地说，一个小学毕业的学生，如果默读能力较差，那么这个学生将来的发展空间就会非常有限。

默读这样重要，为什么我们置身于语文教学的课堂中，却很少能看到学生默读呢？其中一个重要的原因是，观摩课、竞赛课在给教师带来精彩的同时，也带来了“副作用”：观摩课、竞赛课是上给教师看的，课堂气氛如何居第一位，不少教师认为朗读可以形成良好的课堂氛围，而默读却可能导致冷场，因而作课教师不管教什么课文，一般都采用朗读形式，而极少安排默读。上观摩课这样处理，也许是不得已；而上常规课这样处理，就是一种失误。（其实上观摩课这样做，也是一种失误）因此，上常规课，我们一定要摆脱上观摩课的固定思维，重视培养学生的默读能力。

（二）低段默读教学主线的设计

低段以朗读训练为主，同时也要兼顾默读训练。低段的默读，按人教版教材的编排，是从二年级下学期起步的，全册教材在 7 篇课文后提出了“默读课文”的要求。低段默读课文，主要有以下两个要求：一是训练默读能力，做到不出声，不动嘴；二是能回答课后的问题。这两个要求，前一个立足于长远的基本能力的培养，是长远目标；后一个是学习课文的具体目标，涉及眼下教学任务的完成。不少教师往往看重眼下目标，关注课后问题的回答，而忽视长远目标，把默读的基本训练丢在一边。这样的教学设计，显然是不妥当的。

低段默读课文的教学主线设计，应把默读的基本训练与理解课文内容有机地结合起来，一般按三个步骤进行。

第一步，教师轻声带读。开始默读时，学生不一定能适应，因而要经历一个轻声带读的阶段。教师可以轻声朗读课文，要求学生不出声地跟读，只用眼睛看，不用嘴巴念。由于低段学生默读的速度与朗读接近，所以教师轻声带读，学生跟着默读，与学生理解课文的速度是相适应的。

第二步，学生独立默读。默读前，教师可提出两个要求：一不动嘴，二不出声。默读时，教师要注意倾听和观察：倾听，意在了解学生是否出声；观察，意在发现学生是否动嘴。起始阶段，对学生默读的要求不宜过高，如有出声、动嘴的，亦属正常现象，不可指责。教师重在鼓励、表扬那些不出声、不动嘴的学生。以后的默读训练，还可以提出不指读的要求。默读后，教师可以提出一些简单的问题让学生回答，如课文写了谁，课文写了一件什么事等。

第三步，带着问题默读。此时，教师可以抛出课文后的问题，让学生带着问题默读课文，然后讨论解决。

这样设计教学主线，学生至少默读三次课文，默读训练成了主要目标。一个学期经历六七次这样的训练，学生就可以大体学会默读，初步掌握独立阅读的本领，这种本领将让学生受益终生。

（三）中段默读教学主线的设计

中段默读训练的主要目标是“初步学会默读”“能对课文中不理解的地方提出疑问”。这两句话实为两个目标：一是“初步学会默读”，这是在低段初学默读的基础上提出的要求，同样要做到不动嘴，不出声，能根据上下文，不待细究每个字的细节就能从整体上感知这个字，提高默读速度。这个目标主要在三年级达成。二是“能对课文中不理解的地方提出疑问”，这是新课标提出的新目标，意在凸显对学生创新意识的培养。对学生质疑能力的培养，人教版教材主要安排在四年级，并向高年级延伸。

四年级及四年级以上的默读训练，要立足于培养学生的质疑能力，具体设计思路有多种多样。

教学一些课文，可以在课始引导学生质疑。默读课文时，要求学生一边默读，一边在不理解的地方打上问号。必要时适当提示质疑的思路，如对课文题目质疑，对难懂的词语质疑，对难以理解的句子质疑，对课文内容质疑，对课文的写作方法、遣词造句质疑等。教师要对学生提出问题的质量及时予以评价，引导学生提出能引人深思的有价值的问题。教师还要善于对学生提出的问题进行归纳和分类，从而形成新的教学思路。

教学一些课文，可以在课中引导学生质疑。在课中引导质疑，即把质疑设计为一个教学环节。如教学《鱼游到了纸上》（人教版四年级下册）一课，当学到聋哑青年"接过笔在纸上又加了一句：'先游到了我的心里。'"时，可以让学生就这句话提出疑问。

教学一些课文，可以在课尾引导学生质疑。学完一篇课文后，有的教师喜欢问："都懂了吗？"如果学生说都懂了，教师就特别满足。这其实是一种误导，让学生误以为自己真的全都懂了。著名科学家钱伟长曾说过一句耐人寻味的话，就是教师把学生教"懂"了是一种不负责的行为。他认为，学生在课堂上应经历一个"不懂—懂—不懂"的过程，要让学生带着问题走出课堂。这是很有见地的。教完一些课文之后，教师可以考虑安排一个质疑的环节，让学生带着问题走向课外。

（四）高段默读教学主线的设计

对高段的默读，新课标要求"默读有一定速度，默读一般读物每分钟不少于300字"。与新课标的目标相匹配，人教版高段教材在许多课文尤其是长课文后面提出了"快速阅读课文"的要求。由此可知，高段的默读教学应以提高速度为主要目标。

在当今这个知识激增的时代，具有速读能力已是现代人的重要标志之一。从20世纪60年代起，美国、日本等国家就已十分重视速读训练。美国总统肯尼迪、卡特等入主白宫前，都接受过速读训练。日本的一套小学六年级阅读水平测试题，题量达 8000 字，假如学生每分钟只能读 200 字，那么光读完试题就要 40 分钟，已无时间做题。可见，重视速读，是当今世界教育发展的趋势。

然而，在我们的小学语文课堂中，却很少能看到像模像样的速读训练。一些教师最多让学生花几分钟快速读一遍课文就结束，跟着便进入精读环节，速读极少成为课堂教学的主线，因而学生速读能力的提高便很难看到实效。

在高段的阅读教学中，教师每学期都应有意识地选择若干篇课文进行速读训练，并围绕提高学生的速读能力设计教学主线。下面提供两种设计思路供教师参考。

1. 检测式速读

第一步，速读基本训练。做若干卡片，分别写上 4 个字、6 个字、8 个字的词句，每张卡片让学生看一秒钟，然后说出内容。要求：扩大视幅，一目多字。

第二步，尝试速读。从课文中选一段二三百字的话，让学生一分钟内读完，读后能回答与基本内容有关的问题。要求：快速阅读，抓住主要信息。

第三步，快速阅读全文。起始阶段可控制在每分钟 300 字左右，以后再提高要求。如果课文有 2000 字，可限时 6～7 分钟读完（不可提前预习）。

第四步，测试。精心设计测试题，侧重了解学生捕捉课文主要信息的情况以及初步的感悟、分析、概括能力，一般以 5 道题或 10 道题为宜，多用选择题和填空题，便于快速计分。测试后进行反馈，自己评分。正确率达 70%以上者合格。

第五步，总结。速读结果在学生之间会有较大差异，教师要侧重让学生总结经验和教训，注意紧扣速读的两个基本要求，立足于促进全班学生速读能力的提高。

以上步骤，是以提高学生的速读能力为主要目标的，与此同时，也能使学生把握课文的主要内容及基本线索，并对文中的主要事件与主要人物等有初步的了解，从而使得多元目标同时达成。

2. 篇带篇式速读

教完精读课文或略读课文后，教师可以再选一篇有相似点的课文让学生速读。如教完《山中访友》（人教版六年级上册）后，教师可以选择本册选读课文中同样是写景的《林海》让学生速读；教完《最后一头战象》（人教版六年级上册）后，教师可以选择本册选读课文中同样是写动物的《军犬黑子》让学生速读；教完《一面》后，教师可以选择本册选读课文中同样是写人的《军神》让学生速读。以上所说，只是把速读延伸到本册的选读课文。我们的视野还可以扩展到课外的文章，还可以一篇带两篇甚至三篇，这样来促进学生阅读速度的提高。

教学课文，传统方式是单篇教学：对小学语文教材中的300多篇文章，教师均采用一篇一篇教的方式。这种方式会让学生更多地关注每篇课文内部的知识，而较少关注篇与篇之间的联系。这样，学生的学习往往长期停留于"个例"感知，很难上升到"类别"认知而形成知识结构，其语文能力的提高就会很有限。篇带篇式的教学，既有利于提高阅读速度，又有利于扩大阅读量，还有利于通过比较形成知识结构。

以上两种速读训练的设计思路，只是举例。教师在教学中可以产生更新颖、更有效的设计思路。

四、怎样为写人的课文设计学习活动

在小学语文教材中，写人的课文占很大比重。以人教版五年级下册为例，《杨氏之子》《晏子使楚》《半截蜡烛》《再见了，亲人》《金色的鱼钩》《桥》《将相和》《草船借箭》《猴王出世》《人物描写一组》《刷子李》《金钱的魔力》等课文都以写人为主，这类课文约占整本教材的40%，足见写人的课文分量之重。教好写人的课文，实在不可小视。

教学写人的课文，怎样设计教学主线呢？

（一）前提——找准写人的课文的教学目标

教学写人的课文，有两类教学目标。

一是一般教学目标，即识字写字、学习词句、朗读默读、把握课文的主要内容等。这是教学任何一篇课文都要达成的教学目标。

二是特殊教学目标，即领悟作者怎样写人及体会人物的思想感情。

一至三年级的教学，应以达成一般教学目标为重点，即以识字写字、学习词句、朗读默读、把握课文的主要内容等为教学重点。四至六年级的教学，则应以达成特殊教学目标为重点。因为学生进入四年级以后，已具有一定的学习基础，他们可以自学字词，可以独立地朗读默读，自读一遍课文就可以大体把握文章的主要内容。在这样的情况下，教学写人的课文时，教学重点应逐步转移到领悟作者怎样写人及体会人物的思想感情上。这样，教与学才能提升一个层次，不致原地踏步，学生的学习兴趣才能被激发起来，形成新的兴奋点，学生读与写的能力才能得到有效提高。

新课标和教材编写均有这样的意图。新课标中的小学高段阅读目标明确提出了不同文体的教学要求，并强调“初步领悟文章的基本表达方法”。高段的教材有单元提示，凡是写人的单元，大都要求领悟文章的表达方法。对新课标和教材的编写意图，我们要用心体察。

如人教版五年级上册第六组有《地震中的父与子》《慈母情深》《"精彩极了"和"糟糕透了"》《学会看病》四篇写人的课文。该组课文前有这样的单元提示："认真阅读课文，把握主要内容，想一想作者是怎样通过外貌、语言和动作的描写表现父母之爱的。"这实质上是对本组课文教学重点的提示。根据这个提示，我们可以比较准确地确定该组每篇课文的教学重点。

《地震中的父与子》教学重点：学习作者怎样通过人物神态、动作、语言描写来表现父子之爱。

《慈母情深》教学重点：学习作者怎样通过外貌和语言描写来表现母亲的深情。

《"精彩极了"与"糟糕透了"》教学重点：学习作者怎样通过语言、动作描写来表现父母对儿女不同方式的爱。

《学会看病》教学重点：学习作者怎样通过语言和心理描写来表现母亲情感的变化。

以上四篇课文的教学重点，都是从学习作者怎样写人这样一个特殊角度提出来的，既符合课文的特点，又符合教材的编写意图，也符合新课标的要求，是比较准确的目标定位。当然，教学时，还可以设定一些次要目标。

（二）关键——把"悟写法"与"悟情感"融为一体

学习写人的课文，贵在"两悟"：一是"悟写法"，二是"悟情感"。"悟"的过程，是在教师的指导下，学生自主发现的过程，而不是教师把自己的"悟"传授给学生的过程。

"悟写法"与"悟情感"应融为一体，这就存在一个以什么为主线的问题，即以"悟写法"为主线，还是以"悟情感"为主线？教学设计中有以下两种常见的方式。

一种设计方式是以"悟情感"为主线，渗透词句、写法的学习。如教学《地震中的父与子》一课，先让学生通读全文，说说整体感受，引出“了不起”几个字，然后引导学生体会父亲怎样了不起，儿子怎样了不起，并找到有关句子来印证、分析、朗读，深入理解父子之爱。教学中，教师也会偶尔抓一两个词语或者提示一下写法（如让学生紧扣一个“挖”字展开想象），或者朗读一下人物对话等。这样的教学主线设计，情感性比较强，但有明显的缺陷：一是重人文感悟，轻语言学习。课堂教学始终围绕父与子在哪些方面“了不起”开展，核心问题是“了不起”表现在哪些方面，这其实只是停留在对课文内容的理解和深挖上。其中的词句学习、课文朗读等，都是为理解“了不起”服务的，教学中并无明确的语言学习目标。如让学生紧扣一个“挖”字展开想象，五年级学生应早就熟练掌握，再花许多时间去教去学，其目的无非是从内容、情感上深挖细究，对语言学习并无多大用处。二是违背教材的编写意图，难以达到教学目标。教材明明提示要以领悟人物描写的方法为重点，可是教学却以领悟情感为重点。这样设计教学主线，“悟写法”成为虚晃一枪，学完课文，学生对父与子有什么“了不起”也许能说出个一二三来，但对人物描写的方法恐怕不会有什么新的认识，更不用说形成能力了。这样设计教学主线，得“意”忘“言”，或重“意”轻“言”，阅读课的性质就可能发生变异，即可能类似于品德课。

另一种设计方式是以“悟写法”为主线，渗透“悟情感”。在任何一篇写人的课文中，“写法”与“情感”好比一对孪生兄弟，共存于一体。文章的内容、情感要用一定的写作方法来表达，而任何写作方法都是为表达一定的内容、情感服务的。因此，在“悟写法”的同时，必然要“悟情感”，即领悟这样的写作方法表达了什么样的情感。以“悟写法”为主线，可以把“悟情感”自然地带出来，从而实现“言”“意”兼得；而以“悟情感”为主线，是很难带出“悟写法”的，难以实现

“双赢”。

是以“悟写法”为主线，还是以“悟情感”为主线，恐怕是语文课与品德课的一个分水岭，教师在设计教学主线时切不可掉以轻心。

“悟写法”是一个笼统的概念。学写人的课文，对于小学生来说，要领悟的内容主要有以下几项：精选事件来表现人物；抓住人物的特点来写；通过人物外貌、动作、语言、心理活动的描写来表现人物的思想感情；善于通过细节描写来刻画人物等。每篇课文的教学，一般应选择其中的一点。

如教学《地震中的父与子》一课，就可以把领悟作者怎样描写人物神态、动作、语言作为教学设计的主目标形成教学主线。在学生通读课文、整体感悟的基础上，教师可以提出这样一个主问题：“课文是通过怎样的具体描写来表达父子深情的？请在课文中画出有关句子。”沿着这个主问题，学生边读边画，教师抓住典型句子予以点拨、分析、总结，从而形成一条完整的教学主线。这样设计教学主线，学生在领悟写法的同时，能更深刻地理解父子之间的深情。“悟写法”与“悟情感”水乳交融，不可分割。

又如教学《慈母情深》一课，学生初读一遍课文，就能大体上领悟母亲深爱儿女的那份情感。在后面的教学中，教师就不要再停留在情感上深挖细究，而应及时把教学重点转移到“悟写法”上来，并抛出主问题：“画出描写母亲外貌和语言的句子，体会这些句子表达的感情。”整节课围绕这个主问题进行，学生边读边画，教师顺势点拨。这样教学，教师教得轻松，学生学得有效。真正的有效教学是朴素简明的，无须玩许多新鲜花样。

本组其余两篇课文也可以这样设计教学主线。这样，一组四篇课文都紧紧围绕一个核心目标，学生对人物描写的方法就会形成比较深刻的印象，就可以内化为描写人物的能力。同时，这样披文入情，学生对人物情感的感受和体验就可能更为实在和深入。

（三）要领——读写结合，注重练笔

教学写人的课文，在学生领悟写法之后，教师还应安排时间让学生练笔，把从读中学到的东西运用到习作中去，力求使学生读与写的能力都能得到提高。

到了高年级，每教一篇课文，教师都应尽可能设计写的训练。对于精读课文的练笔，安排的时间可以适当长些；对于略读课文，可以安排 10 分钟左右的时间让学生练笔。练笔的内容，应与读的内容保持一致，以求读写互促。这里的关键在于教读，要抓住一个重点，教得简略，不要在内容上提问、议论个没完没了。阅读简明了，重点突出了，才有时间安排练笔。

教师不要将写人课文的练笔设计成一种单纯的技巧训练，而要精心设计情境，引发学生的情感体验，以收到“情动而辞发”的效果。

下面仍以人教版五年级上册第六组课文为例，提供几则练笔设计供教师参考。

《地震中的父与子》练笔设计：你和爸爸（爷爷、外公等）之间发生过什么让你感动的事或印象深刻的事，选一件小事写一段话，注意写好人物的神态、动作和语言。

《慈母情深》练笔设计：妈妈是最疼爱你的人，妈妈的关爱一天到晚围绕在你身边。选一件妈妈关爱你的小事写一段话，注意写好神态和语言。

《“精彩极了”和“糟糕透了”》练笔设计：爸爸妈妈看到你在学习上有了进步，或在生活上有了长进，或在做人方面改正了缺点，一定会十分高兴，会发自内心地夸奖你和鼓励你。

选一件爸爸妈妈夸奖你的小事写一段话，注意写好神态、语言和自己的心理活动。

《学会看病》练笔设计：在家里，你会得到大人的呵护和关爱，有时也会受到大人的批评和指责，偶尔还可能被误解。请从中选一件小事来写，着重写好自己的心理活动。

五、怎样为写景文设计学习活动

（一）误区——只见景美、情美，不见言美

一位教师教学《乡下人家》一课。在学生初读课文、学习生字之后，教师提出这样一个问题："乡下人家美不美？"学生齐声回答："美！"教师顺势板书一个"美"字，然后问："那么我们先学课文第一自然段，看看乡下人家美在什么地方。"学生匆忙读一遍之后，便议论开了：有的说瓜架很美，有的说瓜藤很美，有的说结出的瓜颜色很美。这样学完第一自然段，再学第二自然段，直至学完全文。

这样以感悟美景为主线设计写景文的教学，行吗？如果行，那么播放一段介绍美景的视频，学生对美景的感受岂不更直观、更具体，学起来更有兴趣？然而，我们不能这样教学写景文。

另一位教师教学《乡下人家》一课，过程与前者基本相同，但增加了悟情的内容。教师引导学生在感悟美景的基础上，注重通过反复朗读来体会作者热爱家乡的感情。课堂上感悟美景有了，体会情感也有了。这样以感悟美景、情感为主线设计写景文的教学，行吗？如果行，那么播放一段介绍美景的视频，加上一些煽情的画外音，悟景、悟情的效果岂不更好？然而，我们还是不能这样教学语文。

语文课的独当之任是学习如何用语言文字来表达特定的内容和情感。离开了语言文字的学习，语文课就不能成为语文

课。因此，阅读教学始终应该把学习语言文字运用放在首要位置，学习写景文也不例外。写景文的景与情，均属课文内容这个范畴。而学习写景文，不能仅仅在课文内容上下功夫。教材中的写景文都是文质兼美的散文，从教学价值的角度来说，值得学生领悟的有三种美：一是景物美，二是情感美，三是语言美。这三者形成一个统一的整体，作者用优美的语言来描写优美的景物和表达优美的情感。对于学生来说，学会理解和运用语言是第一要务，也是学习中的难点，应该作为教学中的主要目标，作为设计教学主线的基本依据。如果离开语言表达，景物美和情感美就可能被架空。

只重景美、情美，轻视言美，是教学写景文的一大误区。

（二）导向——围绕言美设计教学主线

凡是写景的课文，在内容理解上，一般难度不大。写景文的难，是难在表达上。如《乡下人家》一文，写的是屋前种瓜种花，平时养鸡养鸭，即便是城里的学生也会一读就懂；生字也不多，难词难句基本没有。这样的课文，学生只需读一两遍，就能理解内容。在后面的教学中，教师应侧重于引导学生领悟这些内容是怎样表达的。

领悟作者怎样用优美的语言来描写景物和表达情感的过程，侧重点是学习语言，但与内容密切相关，并非单纯的语言文字训练。

教学一些写景文，可侧重于领悟遣词造句的美。如《桂林山水》（人教版四年级下册）一课，语言美的特点非常鲜明。教学这篇课文时，在学生初读课文、整体感悟的基础上，可以围绕学习语言来设计教学主线。第一课时侧重学习写漓江水的一段，教师可以提出这样的问题："作者写漓江水，你觉得哪些句子写得特别美？你发现了什么写作秘密？"学生会很顺利地找出如下句子："漓江的水真静啊，静得让你感觉不到它在流动；漓江的水真清啊，清得可以看见江底的沙石；漓江的水真绿啊，绿得仿佛那是一块无瑕的翡翠。”这个句子很美，在写作上有什么秘密呢？这是一个难点。学生也许能说出作者用了排比、比喻的修辞手法，但对语言的美难以形成真切的感受。要想让学生领悟得比较真切，办法之一是多读，在阅读中体悟；办法之二是比较。教师不妨把这句话改成如下一句话：“漓江的水很静，好像不在流动一样；它非常清澈，可以看见江底的沙石；它还是绿绿的，像翡翠那么绿。”一比较，学生很容易发现，这样写，虽然意思并无多大变化，但是语言不是很美，情感不是很深，读起来远没有课文中的句子那么有情有趣了。然后，教师还可以以“下雨”“彩虹“乌云”“樱花开了”等为内容，让学生试着仿写几句话。第二课时侧重学习写桂林的山的段落，主线设计与第一课时大同小异。这样教学，学生在理解与运用语言上就会大有长进，而且，学习有了新意，有了适当的难度，兴趣也会随之高涨。

教学一些写景文，可侧重于领悟表达方法的美。如《乡下人家》一课，在表达方法上的突出特点是抓住了乡下人家独特的美。课文末尾有这样一句话：“乡下人家，不论什么时候，不论什么季节，都有一道独特、迷人的风景。”这“独特”二字就是设计教学主线的突破口。教师要善于引导学生体会作者观察和写作的视角——从城乡比较的角度来发现乡村独特的美。如果仅仅从乡村的角度来阅读，那么种瓜种花、养鸡养鸭的景象，几乎每家每户都如此，似乎并不独特，也似乎缺少美感；然而从城乡比较的角度去阅读，则美不胜收。因此，教师可以考虑这样设计主问题：“读了课文，你发现乡下人家与城里人家相比，它美在什么地方？”这样一引导，学生细读课文后必能发现：乡下人家门前种瓜种花，平时养鸡养鸭，城里人家只有高楼大厦；乡下人家可以坐在门前，一边看着天边的红霞和头上飞过的归巢的鸟儿，感受着向晚的微风，一边吃晚饭，城里人家只能在房子里埋头吃晚饭。通过比较，学生就能深深感悟乡下人家独特的美，也能深深感悟作者独特的观察角度和表达方法，这对学生的阅读和写作都大有裨益。

又如人教版六年级上册第一组中的《山中访友》《草虫的村落》两篇课文，写的都是学生比较熟悉的景物，学生也可能有类似的经历，在内容理解上并无困难。学生的难，难在领悟表达方法上。因此，教师可以围绕领悟表达方法设计教学主线。《山中访友》一课，“友”是教学的突破口。教师可以围绕一个“友”字精心构思教学主线，设计这样的主问题：“课文中的‘友’指的是什么？（古桥、树林、山泉、溪流、瀑布、悬崖……）围绕这些‘友’，作者展开了怎样的想象和联想？假如不这样写，只采用写实的手法写古桥、树林等景物，效果又会如何？”教学《草虫的村落》一课，教师可以从课文第二自然段中的“奇异”一词找突破口，设计教学主线，提出这样的主问题：“作者的目光追随一只小甲虫，有了怎样‘奇异’的经历？你发现作者的想象‘奇异’在哪里？假如不用想象的手法写，而用写实的手法写草虫的村落，效果有什么不一样？”这样设计教学主线，重在引导学生发现写作的秘密，从而学会阅读与写作，同时能把言美、景美、情美有机地统一起来。

教学写景文，也可以围绕背诵积累设计教学主线。教材中的写景文大多文质兼美，学生多读多背，有利于形成语感，增加积累。有的教师喜欢把背诵全部安排在课外，这是不妥当的。这不仅增加了学生的负担，也影响了学生的学习效果。课内背诵，可以形成竞争气氛，且有教师指导，效果与课外背诵大不一样。而且，背诵是课堂教学应达成的目标，岂可完全安排在课外？教师在课堂教学中要舍得花时间让学生多读多背，并给予恰当的指导。

（三）练笔——重视表达训练

教学写景文与教学写人的课文一样，要重视表达训练。我们国家的小学语文教材，是以阅读为核心来编写的。这样编写教材，有重人文、重教化的优势，但也有忽视表达的不足。习作是衡量学生语文水平的一个基本依据，也是学生学习语文的难点。而以阅读为核心的语文教材，未能凸显习作这个重点与难点。补救的办法之一就是读写结合，读中学写。从国际视野的角度来看，语文教材究竟是以阅读为核心好，还是以表达为核心好，目前尚无定论。许多国家（如美国、澳大利亚等）都没有正儿八经的阅读课（有的只是学生的自由阅读），他们的语文教材是以表达为中心来编写的。日本、中国香港等地的语文教材也十分重视表达的训练，如香港的小学中文教材，许多课文后面设计了写作训练项目，力求做到读写结合。从国际视野的角度来研究语文教学，我们必须重视把阅读与表达融为一体，而不要等到上作文课时才进行表达训练。

如果花两个课时教一篇写景文，在教学策略上可以考虑安排一课时学读，一课时学写。学写，可以成为教师教学写景文时设计教学主线的基本思路之一。学写的具体思路一般可以这样设计：发现课文写作的一个秘密—设计情境仿写片段—反馈评价。这样设计教学主线，教学过程简明，且教学的有效性较高。

六、怎样为说明文设计学习活动

小学语文教材中的说明文，所占比例不是很大，但教学中存在的问题比较突出，因此也值得一议。

（一）是教说明文，还是上科学课

听几位教师教说明文，感觉上似乎在听科学课。一位教师教学《新型玻璃》（人教版五年级上册）一课，学生初读课文后，教师便引导学生学习第一自然段，并提问："第一种新型玻璃是什么？"然后，教师播放关于夹丝网防盗玻璃的课件，课件精美，学生看得很入神。学生看完后，教师问："这种新型玻璃为什么能报警？警察为什么能抓住企图盗窃珍贵字画的犯罪嫌疑人？这种新型玻璃可以用在哪些地方？"学生根据教师的提问在课文中找出答案并朗读有关句子。学生在问答中学完第一自然段之后，又沿着这样的思路学下一自然段，直至学完整篇课文。

一位教师教学《鲸》（人教版五年级上册）一课，大体上也是这样教的。学生初读课文后，教师便引导学生学习第一自然段，然后围绕课文内容提出若干问题："鲸有多大？鲸有多长？鲸的嘴巴大到什么程度？"学生在课文中找出答案并朗读有关句子。然后，教师播放关于鲸的精彩课件。学生就这样学完第一自然段，再大体上按这样的模式学习其余内容。

听这样的课，感觉是在听科学课，只是多了一点琅琅书声而已。语文教材中的说明文与科学课的学习内容确实有共同之处：说明文要说明科学知识，科学课的内容也是科学知识，在学习科学知识这一点上，它们是相同的。然而两种课有着本质区别：学习科学课，主要目的是掌握科学知识，培养科学精神；学习说明文，主要目的则是形成阅读和写作说明文的能力。培养读写说明文的能力，是语文课教学说明文的独当之任，是必须达成的教学目标，也是设计教学主线的基本依据。教学说明文，虽然也有了解课文内容、理解相关科学知识的任务，但并不要求深挖细究、不断拓展，而且理解科学知识的方式是渗透式的、"润物细无声"式的，不宜作为教学的主线。

根据说明文的内容来设计教学主线，把语文课上成了科学课，这是一种比较普遍的现象。究其原因，主要是对说明文的性质、目的把握不准。长此以往，将会严重影响学生读写能力的提高，值得引起高度关注。

（二）把握说明文的教学要点

教学说明文，关键是要弄清说明文的教学目标。把教学目标弄清了，教学主线的设计也便有据可依了。

教学说明文有两类教学目标。

一是一般教学目标，即识字写字、学习词句、朗读默读、把握课文的主要内容等。这是教学任何一篇课文都要完成的教学目标，教学说明文也不例外。

二是特殊教学目标，即学会阅读、写作说明文这种特殊的文体。新课标对小学高段的说明文教学提出了明确要求：“阅读说明性文章，能抓住要点，了解文章的基本说明方法。”这句话对说明文的教学提出了两点要求：一是能抓住要点，二是了解文章的基本说明方法。“抓住要点”与新课标对中段的阅读教学提出的“初步把握文章的主要内容”的要求有近似之处，但要求更高一些：要能分点说出全文的主要内容以及分点说出某些段落的主要内容。因为说明文大都是按若干要点来组织文章的，抓住了要点，就抓住了文章的纲领。“提领而顿，百毛皆顺”，抓住了纲领，就大体上把文章读懂了，把文章的结构弄清楚了。至于了解文章的基本说明方法，对小学生来说，主要是了解下定义、列数字、举例子、分类别、作比较等方法，并能初步学会运用。

对于以上两类目标，中、低段说明文的教学，重在达成一般教学目标；高段说明文的教学，重在达成特殊教学目标。因为对高段的学生来说，面对一篇说明文，学习词句、理解内容已不在话下，他们的难，是难在把握要点、了解说明方法和学写说明文上。因此，教学高段的说明文，起点要有所提高。

人教版五年级上册第三组课文都是说明文，单元提示中有这样一段导语："学习本组的说明性文章，要抓住课文的要点，了解基本的说明方法，并试着加以运用。"这段导语与新课标的要求是一致的，也是教师设计教学主线的基本依据。

教学这一组课文，可以考虑分两个层次来设计教学主线：第一个层次是抓住课文的要点，第二个层次是学习说明方法并试着运用。如果教学一篇课文需要两课时，那么，就可以围绕这两个层次每个课时设计一条教学主线；如果是略读课文，只有一个课时，那么这两条主线可以考虑侧重于一个方面。

如教学《鲸》一课，第一课时可以把抓住课文的要点作为教学主线。在学生初读课文、整体感悟的基础上，教师可以分以下几个步骤进行教学：第一步，立足全文抓要点，从"作者写鲸，是抓住哪几个要点来写的？"出发，让学生自己阅读课文并概括（作者是从鲸的体形、属性、种类、生活习性等几个方面来写的）。第二步，引导学生学习第一自然段，抓住该段的要点，从"作者写鲸的体形大，是抓住哪几个要点来写的？"出发，让学生自己阅读发现（作者是从鲸的体重、体长、嘴阔三个方面来写的）。第三步，让学生自学其余各段，抓住每段的要点。这样自始至终围绕抓住要点来展开教学，学生既可以学会抓要点，又能把握文章的结构层次，还能提高思维能力，同时也掌握了有关鲸的科学知识。这种设计比起那种根据课文内容进行问答的设计岂不高明得多？学生的收获岂不丰富得多？第二课时可以把学习说明方法并试着运用作为教学主线。课文主要运用了列数字、举例子、分类别等说明方法，教师可以重点引导学生学习列数字的说明方法，根据"在课文中找相关句子阅读—领悟列数字说明的好处—试着写一写"的思路设计教学步骤。

又如教学《新型玻璃》一课，第一课时同样可以把抓住课文的要点作为教学主线。在学生整体感知课文的基础上，教师可以分三步进行教学：第一步，立足全文抓要点，提出"作者在课文中一共写了几种新型玻璃?"的问题，对此问的反馈不宜太早，一定要让全班绝大部分学生举手之后再反馈。因为这是抓要点的一种基本训练，要立足于让每个学生都得到训练。如果反馈太早，个别学生一眼就能发现线索，很快就能说出结论，而其他学生才开始思考，结果只能听别人的现成结论，这就很不利于提高全体学生抓要点的能力。第二步，引导学生学习第一自然段，抓住该段的要点，即学会抓住一种新型玻璃的特点和作用。第三步，放手让学生自学其余各段。第二课时则以学习说明方法并试着运用作为教学主线。

再如《松鼠》一课是略读课文，通常只需一个课时教完。教师可以先让学生通读课文，整体感知松鼠的可爱；再引导学生抓住课文的要点，了解作者是从哪几个方面来写松鼠的；然后引导学生抓住几个重点句子体会作者怎样把松鼠写得十分可爱。这样设计教学主线，能较好地达成说明文的教学目标。

（三）注重读中学写

读中学写，读写结合，是教学任何一篇课文的重要指导思想之一，是传统语文教学的基本经验之一，也是提高语文教学效率的有效办法之一。

实现读中学写，读写结合，要解决两个关键问题。

1. 读的设计要突出重点

读的设计要突出重点，简明扼要，为读中学写与读写结合提供条件。

为什么许多教师总是觉得课堂教学时间太紧呢？为什么教学中总是那么匆匆忙忙呢？为什么总是没有时间安排练笔呢？我们应对课堂教学的主线设计进行反思。语文教材是以文章的形式呈现的，而每一篇文章都是一个包罗万象的整体。面对一篇课文，好比面对一口水井，每次最好只取一瓢饮，而不要企图一次把一口井的水喝完。“任凭弱水三千，我只取一瓢饮”，这是教学任何一篇课文应有的策略。有了这种策略，才可能把课文教得重点突出且简明扼要。

现在的阅读教学，恰恰是在这一点上出现了较大的偏差。不该花力气的地方，或者只要花很少力气的地方，或者本该别的学科教师花力气的地方，有些教师却花了太多的力气。如说明文的内容，学生读一两遍就明白了，可是有些教师却不厌其烦地提问，不厌其烦地播放课件，不厌其烦地拓展，做了许多无用功，结果该花力气的地方反而没有时间花力气了。因此，我们要学会调整教学重点，学会把力气花在提高学生读写说明文的能力上。

教师还应充分认识写的重要性。写，在高段的语文教学中既是一个重点，又是一个难点。学写说明文，更是难点中的难点。因此我们一定要坚持读中学写、读写结合的指导策略，把阅读教得简明些，留出时间让学生练笔。

2. 精心设计练笔项目

说明文的练笔，一要紧扣从阅读中领悟的表达方法，二要紧密结合学生的生活实际。

如教学《鲸》一课，可以设计这样的练笔：介绍一种外形特别大的蔬菜、水果或动物，如你见过的大冬瓜、大南瓜、大西瓜、大象、大水牛、大鱼……能用列数字的方法来说明它大到什么程度，写好一段话。练笔的目的，主要是让学生初步学习运用从课文中学到的列数字的方法来说明一种事物的特点。

又如教学《新型玻璃》一课，可以设计这样的练笔：如果要介绍几种新书包或几款新型文具盒，你会怎样构思文章？请拟一个简要的提纲。练笔的目的，主要是让学生模仿课文用并列式的结构来说明事物。

再如教学《松鼠》一课，可以设计这样的练笔：写一个关于小动物的生活习性的片段，如小猫玩球，小狗啃骨头，小鸡吃虫子，小鸭戏水，小鱼吐泡泡，小猪睡觉打呼噜等，要体现自己的喜爱之情。练笔的目的，是让学生模仿课文在说明事物时融入人的感情。

做到以上两条，课堂练笔一定会见成效。

七、怎样设计主问题

阅读教学，常常从问题开始。问题设计的关键，是要精心设计主问题。下面笔者就阅读教学主问题的设计与各位读者进行探讨。

（一）主问题设计有多重要?

我们先来回顾 2008 年在江西省南昌市举行的全国第七届青年教师阅读教学观摩活动中的几堂优质课。

如《花钟》（人教版三年级上册）一课，教师设计了两个主问题：(1)“读读这些写时间的词语（课件出示），你们有什么发现?”学生读后发现，作者是按花开的时间顺序写的；写时间的词语，有的放在句前，有的放在句末，富有变化；写具体时间，有的用了“左右”，有的没用。(2)“作者一口气写了9种花，你发现这9种花的样子有什么不同？你喜欢哪种花开的写法？为什么?”学生各抒己见，各选一种花表达自己读后独特的感受。《花钟》一课的教学，就是围绕这两个主问题展开的。这两个主问题，其实就是一个主问题：“作者写花开的时间和样子有什么不一样?”教师只是把这个问题分两次提出，从而形成两个主要学习环节而已。有了这样的主问题，教学目标就明确了，教学重点就突出了，教学内容就具体了，教学过程就水到渠成了，学生也必然学有所得，对阅读和写作均有帮助。这堂课在赛课中获特等奖。

又如《最后一头战象》一课，教师在学生速读课文、整体感知的基础上，提出了一个主问题："你觉得课文中哪些细节描写让你特别感动？边读边画出有关句子，并做简要批注。"于是学生沿着"品细节、悟情感"这样一条主线展开了学习活动。这样教，目标明确，主线突出，做到了长文短教，这堂课也获得了特等奖。

再如《猴王出世》一课，在学生整体感知猴王形象之后，教师提出了一个主问题："请你把目光聚焦在语言文字上，从'怎样写'的角度思考，你发现了什么秘密？"整节课围绕这样一个主问题展开，分若干层次让学生去发现作者写的秘密（如运用三字句、对偶句、排比句）。这堂课虽然没有获得特等奖，但是引起了小学语文界的广泛关注，被认为是一堂很有创意的语文课。这堂课的创意在于，教师始终围绕"怎样发现写的秘密"这个主问题展开教学活动，教师教得集中，学生学得有效。

阅读教学中，凡是优质课，几乎都有一个共同的特点，那就是精心设计教学的主问题。主问题往往决定一堂课的方向和成败。一堂课的教学目标、教学重点、教学内容和学习的难易度，常常体现在主问题中，它是教师教学观念和教学智慧的集中体现。可以毫不夸张地说，有了一个好的主问题，课堂教学就成功了一半。

低效课堂的一个显著毛病是没有主问题。有些教师在一堂课上会提出几十个问题，问题太多，更严重的是，几十个问题彼此并列分割，没有主次，没有核心。这就好比写一篇文章，平分秋色地提出几十个互不相干的论点。结果，文章没有中心，等于什么问题也没解决。要想提高阅读教学的效率，教师应从学会设计主问题起步。

（二）主问题设计有何策略？

主问题这么重要，那么，主问题的设计有什么策略呢？

1. 把主问题设计在核心目标上

一堂课的教学目标可能有若干个，其中必有一个是主要的，我们称之为主要目标，或重点目标，或核心目标。这个核心目标就是设计主问题的基础和前提。设计好主问题，首先必须找准阅读教学的核心目标。

找准一篇课文的核心目标，要从理解和运用语言的角度入手，并透过语言领悟课文的内容和表达的情感，即“从形式到内容”“从语言到情感”，而不可“从内容到内容”“从情感到情感”。如前面提到的《最后一头战象》一课，教师提出的“你觉得课文中哪些细节描写让你特别感动?”这一主问题，就是从理解和运用语言的角度提出来的，它是通过“品细节”来“悟情感”的，教学重点放在品读课文的细节描写上，情感自然而然地融入其中。这样的主问题设计，既有利于学生学到一种读写的本领，又有利于学生感悟课文表达的情感，“言”“意”兼得。如果我们把主问题改成这样几个：（1）嘎羧是一头怎样的大象？它为什么深深地感动了你？（2）嘎羧的忠诚、善良表现在哪些方面？（3）嘎羧看到象鞍为什么那样激动？（4）来到打洛江畔，它为什么久久不能平静？（5）它最后为什么要挖坑埋了自己？如果教师把以上几个问题中的任何一个作为课堂教学的主问题，就可能丢失阅读教学的核心价值。因为在这些问题中，均没有理解和运用语言的要求，而只有理解内容和情感的要求。以这样的问题作为主问题，就会走向重人文、轻语言的误区。

2. 把主问题设计在学生的“最近发展区”

问题一出，学生纷纷举手，不是好问题；问题一出，学生看一眼课本即可回答，不是好问题；问题一出，学生略加思索即可准确回答，也难说是好问题。真正的好问题，一要引发学生仔细阅读，二要引发学生深入思考，在经历了认真阅读和深入思考之后才能回答，即我们平常说的“跳起来才能摘到果子”，这样的问题方能称为好问题。

如前面提到的《花钟》一课，教师提出的主问题学生不可能一下子回答出来，而要经过反复阅读、思考、揣摩、交流，并在教师的指导下，才能大体解决问题。这样一个解决问题的过程，就是提高学生自学能力、读写能力和思维能力的过程。这对学生来说，是终身受益的。如果我们把主问题改为这样几个：（1）凌晨四点，什么花开了？牵牛花的形状和颜色有什么特点？（2）五点左右，什么花开了？蔷薇是什么样的花？（3）七点，什么花开了？睡莲为什么有这么美的名字？……这样一直问到第九种花。面对这样的问题，学生一定会纷纷举手回答，课堂一定会热闹无比。可是，学生要动脑筋吗？要用心读书吗？学完后他们的语言能力会提高吗？我们只能打一个问号。

3. 把主问题设计成一个学习过程

一个好的主问题，必须形成解决问题的学习过程，使主问题的解决成为课堂学习的中心环节。如前面提到的《猴王出世》一课，围绕“请你把目光聚焦在语言文字上，从‘怎样写’的角度，你发现了什么秘密？”这样一个主问题，就形成了若干学习层次：读三字句有什么发现？读对偶句有什么发现？读排比句有什么发现？读石猴成为猴王的部分又有什么发现？主问题在新的情境中不断重复出现。这样设计，解决主问题就形成了若干学习层次。再如《最后一头战象》一课，围绕“你觉得课文中哪些细节描写让你特别感动？”这个主问题，也形成了若干学习层次：先圈画“披挂象鞍”部分中关于细节描写的句子，说说这些描写表达了什么情感；再学习“返回战场"和"庄严归去"两个部分，同样圈画其中关于细节描写的句子，说说这些描写表达了什么情感。主问题不断重复出现，从而形成了以解决主问题为中心环节的学习过程。有了这样的学习过程，主问题的解决才是有效的。

有的教师虽然也能设计一个较好的主问题，可惜没有转化为有层次的学习过程，在抛出主问题后，让两三个学生简单回答一下，几分钟就告结束。这就没有形成学习过程，问题好像解决了，其实只是水过地皮湿，学生并未形成学习能力。这是必须引以为戒的。

4. 把主问题控制在一至三个

一堂课的主问题不宜过多，一般以一个为最好。课堂围绕一个主问题学习，内容集中，重点突出。不过，语文教学有时很难像上数学课那样，一堂课只解决一个问题，它常常既要突出重点，又要兼顾其他。因此，一堂课也可以设计两个主问题，但最多不可超过三个主问题。主问题太多，就显不出其主要的地位了。前面提到的几堂优质课，都只有一两个主问题，每个主问题的解决都经历了 30 分钟左右的时间，这样设计，效果最佳。

一节课只提一两个主问题，不等于一节课只提一两个问题，因为课堂教学还要兼顾其他目标和内容。同时，主问题也可能变换形式出现，提问形式发生变化，而万变不离其宗，这样教，可以保证教学的高质量。

（三）主问题设计有何思路？

主问题设计要因课而异，大体的思路如下。

1. 从提高朗读能力的角度设计主问题

教学一些课文，教师可以把教学重点放在提高朗读能力上，那么就可以从朗读感悟的角度设计主问题。如《看雪》一课，以四个疑问句为主线形成了课文内容，比较适合朗读训练。教学这篇课文时，教师可以设计这样的主问题："画出课文中有问号的句子，想想怎样读才能读出疑问的语气？"这个主问题可以分几个层次提出。这样教，侧重点是学会朗读疑问句，同时也能涵盖学习词语、理解内容等目标。

2. 从提高默读能力的角度设计主问题

提高默读能力，低、中、高各学段有不同要求，教学时，教师可以根据不同要求提出主问题。在低段阅读教学中，教师可以提出这样的主问题："用默读的方法读课文，你能做到不出声，不动嘴，又能自己把课文读懂吗？"这样的主问题可以分若干层次贯穿全课。在中段阅读教学中，教师可以提出这样的主问题："默读课文，你能提出三个以上的问题吗？"（让学生边读边画，在有疑问的地方打上"？"）这样的主问题，意在引导学生在默读时能对课文中不理解的地方提出疑问。在高段阅读教学中，教师可以提出这样的主问题："用几分钟时间快速读完全文，然后合上课本，看看你能回答多少个问题？"（让学生读后做捕捉信息的测试题）这样的主问题，意在训练学生的速读能力。

3. 从掌握词句的角度设计主问题

如果我们把掌握词句作为一堂课的核心目标，那么可以从掌握词句的角度提出主问题。如《草原》一课，需要理解和学习的优美句子较多，教学时，教师可以参考课文后的思考题，提出这样的主问题："阅读全文，画出你觉得写得很美的句子，你能发现它们美在什么地方吗？"这样一个主问题可以分层提出，引领全课的学习。

4. 从学习表达的角度设计主问题

学习表达，是语文教学的主要任务之一，也是学生学习语文的难点之一。当下的语文教学，在理解课文内容和情感方面花的力气较多，相对来说，在学习表达方面花的力气太少，这是不正确的。

学习表达，各学段应有区别：低、中、高各段，均可学习课文如何遣词造句；中段可侧重于段的表达；高段可侧重于篇的表达。有了这样的指导思想，设计主问题就有了基础。前面谈到的三篇课文的主问题设计，《花钟》是从学段的角度设计主问题的，《最后一头战象》与《猴王出世》是从学篇的角度设计主问题的。

不同的文体有不同的表达特点，教学时，教师可以根据课文的表达特点设计主问题。如《地震中的父与子》一课，作者主要通过描写人物的神态、动作、语言来表现父子之间深情的爱，教师可以设计这样的主问题："阅读课文，画出描写父与子的神态、动作和语言的重点句子，从这些描写中你发现了什么?"《山中访友》是一篇写景的课文，作者用拟人的手法写在山中看到的美景，教师可以设计这样的主问题："课文中的'友'指的是什么？围绕这些'友'，作者展开了怎样的想象和联想？假如不这样写，只采用写实的方法写古桥、树林等景物，效果又会如何?"《鲸》是一篇说明文，具有说明文的典型特点，教学这篇课文时，教师可以从抓住课文的要点和学习说明方法两个角度来设计主问题，从而形成两个课时的教学主线。

我们还可以对一组课文的主问题进行综合设计。如人教版五年级下册第七组有《人物描写一组》《刷子李》《金钱的魔力》三篇课文，都是写人的课文，教师可以从人物描写的角度设计每篇课文的主问题；第八组有《威尼斯的小艇》等四篇描写异域风情的课文，教师可以从"作者是怎样抓住异域风情的特点来写的"这个角度设计主问题。这样教，可凸显读写结合。

设计主问题的思路有很多，以上所说，只是举例。只要我们用心钻研新课标的学段目标和教材的编写意图，就能设计出比较好的主问题。

第四章 语用课堂的学习方式

语用课堂的学习方式，与当下流行的课堂学习方式有根本区别。当下流行的课堂学习方式，表面上以学生的活动为主，实际上以教师的讲解、提问为主，学生完全处于一种被教师牵着走的状态。语用课堂的学习方式，是以学生的语文实践活动为主线展开的，学生能真正成为课堂学习的主人。

一、怎样设计和使用学习活动卡

为了改变以教师讲解、提问为主的阅读教学方式，我们要以活动为中介，引导学生采用自主、合作、探究的学习方式。活动卡的运用，为自主、合作、探究的学习方式的推行搭建了一座桥梁。

（一）活动，让学生成为课堂的主人

当下的语文教学，教师讲解、提问过多，“满堂问”已成为一种教学常态。一节语文课，教师少则提三四十个问题，多则提七八十个问题，而且这种问答往往是在教师与少数学优生之间进行，多数学生极少参与，往往成为课堂教学的“看客”。

本人曾参与湖南师范大学余同生教授所做的一次调查活动，在全省10多个地区的几十所小学听了100多节高年级的阅读课，对学生参与语文实践活动的情况进行了一次调查，统计结果如下。

（时间单位：分钟）

听课节数	平均每节全班朗读时间	平均每节全班默读时间	平均每节全班背诵时间	平均每节全班练笔时间	平均每节全班小组讨论时间
126	4	2	0.4	2	1

从统计表中可以发现，全体学生参与朗读、默读、背诵、练笔等语文实践活动的时间，平均每节课只有9.4分钟。那么，其余的时间用到哪里去了呢？其余的时间主要用于教师讲解、提问、评价以及教师与少数学优生之间的对话。课堂上60%以上的学生除了参与9.4分钟的语文实践活动，其余时间

均为“看客”；30%左右的学生可以与教师进行一次对话，但其余时间也是“看客”；只有10%左右的学优生可以与教师进行多次对话，但就其个体而言，参与语文实践活动的时间也不多。在这样的课堂里，谁是主人，谁是客人，一眼就能看明白。

新课标指出：“语文课程是实践性课程，应着重培养学生的语文实践能力，而培养这种能力的主要途径也应是语文实践。”学生的语文素养，尤其是理解和运用语言文字的能力，不是当“看客”得来的，而是在教师的指导下通过阅读、思考、动笔、积累等语文实践活动形成的。“满堂问”的教学，与语文课程的实践性特征相去甚远，与我国传统语文教育多读、多写、多积累的经验相去甚远，与“学生是课堂学习的主人”这一教育理念也相去甚远。

语文教学之所以“讲风太甚”“问风劲吹”，一个重要原因是语文教材没有为教师提供恰当的教学内容与教学活动的设计。一篇课文，前面只有简单的提示，后面常常只有几道简单的思考题。面对这样的教材，教师常常不知道要教什么，更不知道要如何教，从而导致教课文内容的现象较为普遍，教师“满堂问”的教学方式贯穿整个教学过程。

用什么办法改变这种教师“满堂问”的教学方式呢？精心设计学习活动卡，就是一种行之有效的办法。学习活动卡可以为学生提供学什么和如何学的基本思路，可以让学生静下心来阅读、思考、动笔和积累，可以让学生采用自主、合作、探究的学习方式，从而使学生真正成为课堂学习的主人。总之，采用学习活动卡指导学生学习课文是改变当下语文教学费时、低效的一种行之有效的方法。

（二）学习活动卡设计要点探索

学习活动卡的设计，要立足于“学”，因为它是供学生学习课文时使用的。因此，学习目标和学习内容的确定，学习过程的设计，学习方法的指导，学习用语的使用等，都要从学生的实际需要出发。具体说来，要做到以下“五要”。

一要精心设计学习目标和学习内容。设计学习活动卡，教师要精心钻研新课标的学段目标和教材的编写意图（如单元提示、课后思考题等），在此基础上设计教学目标和教学内容。每课时既要完成一般性教学目标，如学习字词、朗读默读、把握课文的主要内容等，又应突出一两个教学重点。高段的教学，重在让学生领悟表达方法，力求做到读写结合，培养学生理解和运用语言文字的能力。

二要侧重设计学生的语文实践活动。语文课堂应以学生参与语文实践活动为基本特征。阅读教学中的语文实践活动主要有以下几类：（1）读的活动。包括朗读、默读和速读。朗读是一至三年级的教学重点，默读和速读是四至六年级的教学重点，又因课文性质的不同而有所区别。读，既包括读的形式，又包含读的内容，如理解、感受、评价等。对读的活动，教师要有明确而具体的设计。学生的阅读，要有问题引领，但一堂课的问题不宜过多，且要提在关键处，着眼于学生的“最近发展区”，要让学生反复阅读后才能回答。（2）写的活动。写，不光是作文课的事，在阅读教学中也要提倡“不动笔墨不读书”，如边读边画、边读边批注、读后练笔等，写的活动在阅读教学中应有一定的分量。（3）积累活动。积累活动主要指吟诵、背诵、抄写字词句等。积累是为学习语文奠基，不可缺失，也不可全部放在课外进行。此外，还可设计查字典、收集资料等语文实践活动。

三要提供必要的课文解读指南。教师面对一篇新课文，如果没有教学参考书，要进行比较准确的解读，也有较大难度。有些教师却要求学生在没有任何参考的情况下进行正确解读，这是很不公平的。这也是导致课堂出现教师强势、学生弱势现象的一个重要原因。学习活动卡应为学生提供必要的课文解读指南，如课文的写作背景、课文的主旨、课文中蕴含的读写新知识点等。这些内容，如果完全让学生自己去探索解决，既没必要，又太费时。提供课文解读指南，有利于学生把精力花在关键处。

四要注重学习方法的指导。学习要做到举一反三，融会贯通，必须掌握一定的学习方法。学习活动卡可以结合学习过程的设计，把学习方法融入其中。学习方法大体有以下几个层次：（1）学习语文的具体方法，如抓住关键词的方法、理解词语的方法、把握课文主要内容的方法、学习不同文体课文的方法等。（2）学习语文的一般思维方法，如边读边想、抓住重点、前后联系、从整体到局部、先具体后概括等。（3）学习语文的策略性方法，如主动预习、积极发言、小组合作、课内外兼顾等。

五要关注学生的个体差异。学习同一篇课文，学生之间会有个体差异，感受可能不同，学习进度也会有快有慢。学习活动卡的设计要体现出一定的层次，能让学优生"吃得饱"，让学困生"吃得了"。

结合以上要点，笔者以《假如没有灰尘》（人教版五年级上册）为例，试设计一篇课文的学习活动卡予以说明。

《假如没有灰尘》学习活动卡

［文本特点］

1. 我们知道灰尘有害，却不知道灰尘也有许多好处。世上万事万物都有两面性，我们要学会正确认识事物，学会趋利避害，造福人类。

2. 这篇课文主要运用了作比较的说明方法，即通过设想另一种状况，与现有的状况进行对比，形成反差，从而提高人们的认识。

[学习步骤]

1. 整体感悟，学习字词，把握主要内容。

(1) 自读课文，认识 4 个生字，画出以下 16 个词语(略)，并读一读，有不理解的词语可以提出来讨论。

(2) 假如没有灰尘，我们这个世界将会怎样？

(提示：细读课文，然后分几点归纳，不要遗漏。)

(3) 读了课文，你对灰尘的印象与原先的印象有什么不一样？你能从中悟出什么道理？

(4)* 你还有什么问题要提出来讨论？

2. 细读课文，领悟作比较的说明方法。

(1) 细读课文，在文中画出“假如”一词。课文中一共用了几个“假如”？

(2) 你发现“假如”之后的内容与之前的内容有什么不一样？

(3)* 这些“假如”对说明事物起什么作用？如果删去课文中的“假如”，结果会如何？

(提示：说明事物，先正面说，再反面说，运用作比较的说明方法，可以把事物的特点和作用说得更清楚、更鲜明。)

3. 请你在以下句子后面用上“假如”写几句话。

(1) 太阳给我们带来了光明，带来了温暖，带来了美丽的大自然。假如____________________

(2) 随手一按开关，电灯就亮了，多么方便。然而，我们的能源是有限的，要提倡节约每一度电，提倡及时关灯。假如

____

(3)* 书是我的好朋友。假如____________________

____

这是一篇略读课文的学习活动卡，由“文本特点”和“学习步骤”两个部分组成。“文本特点”分别指明了课文内容和课文的写作特点，为学生提供了简要的背景资料和学习指南。“学习步骤”的设计呈现了多种特色：（1）由“整体感悟”到“领悟方法”，再到“读中练笔”，实践性特征十分鲜明。（2）每一步的题干都指明了学习目标和学习内容，学习重点突出。（3）学习过程中有两次方法提示。（4）每个环节都有打星号的题目，是学习的较高要求，供学生选做，体现个体差异。

有了这样的学习活动卡，学生就会学得比较主动，教师也能教得比较轻松。

（三）学习活动卡，贵在灵活运用

设计学习活动卡，意在为学生的自主探究学习提供指导，让学生成为课堂学习的主人。使用学习活动卡，应注意以下几点。

1. 要以学生的自主读练为基础

学习活动卡为学生自主读练提供了资源。教学时，教师应把学习活动卡发给每一个学生，让学生根据学习活动卡的设计思路进行学习。同时，教师要舍得给时间让学生细读课文，边读边思考，边读边做题，每课时保证学生自主读练达 15 分钟以上。学生自主读练时，教师一般不宜插入讲解与提问。

2. 要形成自主探究的学习过程

学习活动卡是按学习板块设计的，一般每课时设计 2～4 个学习板块，每个学习板块有一定的独立性。教学时按学习板块形成学习过程，每个块板的学习，一般要经历“自主读练—展示成果—重点研讨”这样三个步骤：“自主读练”，必须人人参与，保证时间；“展示成果”，学生可以在小组内展示，也可以在全班范围内展示；“重点研讨”，侧重解决学生有困惑或有争议的问题。这样，课堂学习会形成“静—动—静—动”这种一张一弛的合理结构。

3. 充分发挥教师的引领作用

使用学习活动卡，学生自学、展示、研讨的时间会大大增加，而教师讲解和提问的时间会压缩到最低限度。压缩教师讲解和提问的时间，不是忽视教师的引领作用。教师的引领作用，首先反映在学习活动卡的设计上，其次反映在学习活动卡的使用上。学习活动卡只是一种比较科学的预设，但任何预设都不是一成不变的，要因时、因班制宜。教学中，教师要关注学情，激发学生使用学习活动卡的兴趣，教给学生使用学习活动卡的方法，根据学情对学习活动卡进行适当调整，对重点、难点问题，特别是学生间有分歧的问题要进行适当点拨、指导，发挥“平等者中的首席”作用。

二、怎样为精读课文设计学习活动卡

怎样为精读课文设计学习活动卡呢？下面我们以《草原》和《新型玻璃》为例，对学习活动卡的设计进行解读。

《草原》学习活动卡

[文本特点]

1.《草原》是老舍先生写的一篇散文，字里行间洋溢着浓郁的草原风情：那一碧千里的草原风光，那马上迎客、把酒联欢、依依告别的动人情景，那淳朴、热情、好客的蒙古族同胞，都令人难以忘怀。草原，是一个多么迷人的地方！

2. 课文语言非常优美。作者善于把景和情交融起来写，并大量运用了比喻、拟人、排比的修辞手法，把草原风情和作者的感情写得生动感人。这种情景交融的写法很值得我们借鉴和学习。

[学习步骤]

课前让学生查阅相关书籍或上网查找资料：（1）在中国版

图上找到内蒙古自治区的地理位置、地域范围，初步了解有关草原的自然风光和民族风情，如服饰特点、饮食特点等。(2) 搜集古今文人描写草原的诗词、文章。

第一课时

1. 初读感悟，学习字词句。

(1) 自由读课文。你觉得蒙古族人民的衣食住行等生活习惯与汉族人民有什么不一样？可结合课前查阅的相关资料说一说。

(2) 读准课文后的四个生字。在文中画出以下词语：地毯、渲染、勾勒、低吟、襟飘带舞、马蹄、礼貌、巡回、拘束、羞涩、摔跤、偏西、无涯，并读一读，抄一抄。有不理解的词语可以提出来讨论。

(3) 课文按事情的发展顺序描绘了三幅图。

① 草原风光图；

② ______________________________；

③ ______________________________。

(4) 课文末尾一句“蒙汉情深何忍别，天涯碧草话斜阳”是什么意思？联系课文说说你对这句话的理解。

2. 朗读课文，背诵课文第一、第二自然段。

(1) 自由朗读课文第一、第二自然段，读出浓浓的感情。

(2) 背诵课文第一、第二自然段。

(背诵方法提示：抓住课文的写作思路，快速记忆。如第一自然段共有八句话，文章的写作思路是，第一句总起，第二句写天，第三、第四、第五、第六句写地，第七、第八句写感受。)

(3) 在课文的其余段落中挑选出一两个特别有意思的句子，背下来。

第二课时

1. 品句子，领悟情景交融的写作特点。

(1) 默读全文，画出你认为写得特别有意思的句子，朗读这些句子，说说它们好在哪里。

（2）体会课文情景交融的写作特点。

（提示：这是一篇记事抒情散文，表达的感情十分强烈、动人。作者抒情，采用了两种方式：一是直接抒情，二是融情于景或融情于事。请你分别找一个句子写在下面，并说说这两个句子分别表达了什么感情。）

（1）直接抒情的句子：________________________

（2）融情于景或融情于事的句子：________________

2. 修改句子，把句子改得有感情。

（1）读下面的句子，然后在横线上补充一个比喻句。

① 一走进校园，只见花坛里的花儿都开了，好像______
________________。

② 突然，乌云滚滚，大雨像____________________似的落了下来。

③ 这所学校的中央有一片绿绿的大草坪，草坪四周开满了红艳艳的杜鹃花，远远望去，好像________________
__________。

（2）将下面的句子改为排比句。

① 草原的平地绿油油的，那些小丘也是绿色的，湖水也一样绿。

____

② 干部给我们敬酒，老乡给我们敬酒，还有七十多岁的老头也举起了酒杯。

____

（3）修改下列句子，要求改得富有感情。

① 我们两个老朋友已经有好几年没见面了。这次一见面，他就同我握了握手。

____

② 主人热情地把我们带进了她家里。她泡了茶，端出了水果，还让我们看她的照片。

____

[自我检测]

1. 读拼音，写词语。

xuàn rǎn　　　　　　tiān yá bì cǎo
(　　　　)　　　　(　　　　　　)

2. 在下面的空格中填上课文里学过的词语。

草原啊，无边无际，像一块巨大无比的（　　）。小丘犹如只用绿色（　　），不用墨线（　　）的中国画那样，翠色欲流。快到了，蒙古族的男女老少穿着各色衣裳，群马（　　），（　　　），像一条（　　）向我们飞过来。他们非常大方，一点儿也不（　　），一点儿也不（　　）。

3. 根据课文内容补写横线上的话。

这种境界，__________，__________，__________，__________________。在这境界里，连骏马和大牛都有时候静立不动，__________________。

4. 把下面的句子改为排比句。

客人们唱起了歌，还有的在跳舞，有个阿姨还在弹琴呢！

____

5. 修改画横线的句子，要改得富有感情。(在原句上改)

幼儿园放学了，我走出幼儿园，看见妈妈在不远的地方等着我。<u>我走过去，拉住了妈妈的手。</u>

《草原》一文学习活动卡的设计，立足于学生的“学”，体现了活动卡设计的五个要点：要精心设计学习目标和学习内容，要侧重设计学生的语文实践活动，要提供必要的课文解读指南，要注重学习方法的指导，要关注学生的个体差异。具体来说，又有以下内容可以细究。

1.“文本特点”分别从课文内容和课文的写作特点两个方面提供了简要的解读指南，语言简明，且能抓住重点。

2.“学习步骤”的设计考虑了课时特征。《草原》一文，一般用两个课时教完，学习活动卡便分两个课时设计，与教学同步。而这两个课时，教学内容又各有侧重。第一课时侧重于基本目标的达成，如整体感悟、学习字词、朗读背诵等。把背诵安排在课内，并提示背诵方法，是设计特点之一。第一课时能否完成这些学习任务呢？只要教师摒弃逐段学习、逐段问答的教学模式，时间就会非常充裕。第二课时侧重于领悟和运用文中的表达方法。集中一个课时让学生学习表达方法，凸显了理解与运用语言文字这一教学目标，也体现了高段阅读教学读写结合的特点。领悟与运用互相连接，目标一致。这两个环节都需要学生动笔，在语文实践活动中提升读写能力。在“学习步骤”中，共有四个题干，这四个题干就是教学目标。

3.“自我检测”的设计与教学目标紧密相连。精读课文比略读课文的设计多出一项内容，即设计了“自我检测”。检测内容有字词、背诵和修改句子，与教学目标、教学重点保持一致，能大体反映教学的成效。

《新型玻璃》一课的学习活动卡，也按“文本特点”“学习步骤”“自我检测”三个部分进行设计，其中“学习步骤”的设计如下。

《新型玻璃》学习活动卡

第一课时

1. 初读感悟，学习字词句。

学生默读全文。

（1）课文描写了几种新型玻璃？

（2）把课文提到的几种新型玻璃的名称分别写出来。

（3）学习文中的五个生字。在文中画出以下词语（略），并读一读，抄一抄，有不理解的词语可以提出来讨论。

(4) 你觉得文中哪些词语用得特别有意思？挑一两个说一说。

(5) 课文是围绕题目中的哪一个字来写的？

2. 细读课文，找出新型玻璃的特点和作用。

小组合作设计一个表格，大家边读边填表格。

(提示：表格中应有名称、特点、作用等栏目；填写时，要抓住关键词句。)

3. 细读课文，了解开头语的特点。

细读课文第二至第五自然段的开头语，你能发现段与段之间的衔接有什么特点吗？用语有什么变化？

第二课时

1. 细读课文，了解课文运用了哪些说明方法。

(1) 课文在哪个自然段运用了举例子的说明方法？(画出句子) 这样举例子有什么好处？

(2) 课文在哪个自然段运用了打比方的说明方法？(画出句子) 这样打比方有什么好处？

(3) 课文在哪个自然段运用了列数字的说明方法？(画出句子) 这样列数字有什么好处？

2. 补写一段话。

新型玻璃是人们根据社会需要发明的。你是否也想发明一种新型玻璃？请根据生活需要，大胆想象，设计一种新型玻璃，并像课文那样，把自己设计的新型玻璃写成一段话，用上恰当的说明方法。

3. 课后找一些商品的说明书读一读，看看这些说明书是怎样介绍商品及其使用方法的。每人为一件商品准备一段广告词，看谁设计的广告词最精彩。

本课的“学习步骤”设计，紧扣学习说明文的两个基本要求：（1）抓住要点；（2）学习说明方法，并试着运用。抓住要点不难，花时较少；学习说明方法既是重点，又是难点，因而花时较多，从第一课时开始切入，延续到整个第二课时。这样设计，使表达训练成为学习的重中之重。

三、怎样在学生的学习活动中关注学情

教学中有两个重要的关注点：一是教案，二是学生。既关注教案，又关注学生，这是教师的追求。

（一）一心想着教案，能把课教好吗？

我们先来看一个教学片断。一位教师教《白杨》一课，师生之间有这样一段对话。

师：爸爸"在表白着自己的心"，爸爸的"心"指什么？

生：他很关心孩子。

师：还有吗？

生：他很爱自己的孩子。

师：还有吗？

生：爸爸也像白杨一样，总是那么挺直。

师：对了。爸爸也像白杨那样，哪儿需要它，它就在哪儿很快地生根发芽，长出粗壮的枝干。不管遇到什么困难，它都那么直。爸爸有一颗非常坚强的心。

在这段对话中，教师有三次提问，学生有三次回答。对学生的回答，教师显然只有表面的关注，并未用心倾听、思考，并及时予以点拨。第一个学生说"他很关心孩子"，这话是对是错？如果错，错在哪里？应该如何纠错？第二个学生说"他很爱自己的孩子"，这显然是一种重复性错误，教师仍然不予评价、点拨，又用一句"还有吗"搪塞过去。第三个学生的回答与答案接近了，但教师也未指出这个学生的回答好在哪里，

与前两个学生的回答有什么不一样，便匆忙抛出教案中写的一段话。教师讲解之后，对“爸爸的‘心’指什么”这个问题，多数学生恐怕仍然是一团雾水。

一心关注教案，教学时总想着教案上写的话，对现场的学情极少关注，这是有些教师教学的通病。

一心关注教案，而极少关注学情，这是教师以自我为中心的一种表现，学生成了课堂的摆设与陪衬。教师把教与学的关系颠倒了过来，使学为教服务。这样的课堂，学生不仅失去了学习兴趣，也很难有实质性的收获。

（二）面对十个“能否”，你会怎样回答？

教师在课堂教学中是否关注学情，可以从多个方面反映出来。下面我们挑选十个“能否”，请教师们结合教学实际，对自己的教学状态做判断。

1. 当学生精神不振或精神紧张时，你能否及时调整学生的情绪？

学生是活生生的人，有喜怒哀乐，有情绪变化。有时上课，学生精神不振，情绪低落，教师提出一个简单的问题，举手发言的学生却寥寥无几；即便学生站起来发言，也往往无精打采。有时上课，如果有一些陌生人坐在后面听课，学生往往会精神紧张，行为拘束，平时发言十分精彩的学生可能突然“哑火”，平时朗读十分自信的学生可能变得结巴起来。

面对这样的状况，你是按原来的教学设计进行下去，还是迅速调整学生的情绪？高明的教师懂得，积极的情绪是一堂课成功的基础，他一定会尽快调整自己的教学：或者激情示范朗读，或者说几句幽默风趣的话，或者讲话声音的高低发生显著变化，或者进行一段表演……总之，他会想办法让学生的情绪由低落变得高涨，由紧张变得轻松，从而为课堂学习的顺利进行创设一种良好的氛围。

2. 当学生注意力分散时，你能否让学生的注意力尽快集中起来?

教学时，部分学生常常注意力不集中。教师讲得口干舌燥，他们却在小声说话，或者做小动作，或者东张西望，或者昏昏欲睡。这是教学中常有的现象，不足为怪。面对这种状况，有的教师常常视而不见。为什么会这样呢？因为他们的心思全都在自己的教案上，他们无暇顾及现场学生的表现。

高明的教师很注重观察学生的学习状态，特别是观察学生的眼神。哪几个学生走了神，教师能一眼就看出来。而且一旦发现此种状况，便会立即调整教学：或者提高嗓音，或者表扬注意力集中的学生，或者走到注意力分散的学生身边轻拍一下，或者改变教学方法……教师只要心中有学生，就会有办法调整学生的注意力。

3. 面对全班几十个学生，你能否让每个学生感受到你的关注?

一次，听一位教师教古诗《回乡偶书》，板书课题后，教师要求全班学生在字典中查“偶”字。不到10秒钟，一个学生举手了，教师立刻请他站起来回答。我观察了其他学生：有的正在翻页码，有的正在看字典目录，动作慢的才把手伸进书包拿字典。当教师让那位学生站起来回答问题时，翻页码的立刻停止了翻阅，看目录的立刻合上了字典，伸到书包里拿字典的手也立刻缩了回来。然而，这一切教师都没有关注到，他关注的是自己教案上写的结论是否有学生说出来。在这个教学环节中，正确结论虽然很快出来了，但只训练了一个学生，其余几十个学生都只是走过场，而且会产生一种不被关注的感觉。

高明的教师会让每个学生感受到教师的关注。查字典，一个学生举手了，他会观察其他绝大多数学生是否也查出了结果；多数学生自由朗读了一遍课文，他会等待尚未读完的学生把课文读完；教师提问或讲解时，他会用目光扫视全班每个学生；即使教师与个别学生对话，他也会关注没有参与对话的学生的神态和心理；坐在远处特别是后几排角落的学生有人举手，教师很快就能发现……学生一旦察觉教师时刻在关注自己，就会对教师产生高度的信任感。

4. 当学生解答问题茫无头绪或浮于表面时，你能否打开他们的思路，让他们深入思考？

教学过程中常常会出现这样的情况：教师提出问题之后，一个学生站起来回答，如果对回答不满意，教师便问“还有吗?”，或者问“还有别的意见吗?”，有时连续请四五个学生站起来回答，都没有教师想要的答案，于是陷入了尴尬的局面。想要化解这种尴尬的局面，教师应学会调整教学。

有时可能是教师提出的问题不妥，或者问题表述得不清楚，或者问题过于深奥。面对此种情况，教师要及时反思，改变自己的问题。有时可能是学生阅读和思考的时间不够，教师提出问题后，没有引导学生认真阅读和思考，却急于让学生说出结论。面对此种情况，教师要及时调整教学进度，舍得花时间让学生阅读和思考。

有时可能是学生的思维出现了障碍。学生在学习中，常有思维受阻的状况发生。高明的教师在遇到此种情况时，能巧妙地打开学生的思路，使之产生豁然开朗的感觉。魏书生老师教学《统筹方法》（沪教版六年级下册）一课时，引导学生模仿课文举例子。课文里举的例子是烧开水之类，一位学生举了一个煮饭的例子，另一位学生又举了一个洗衣服的例子。显然，学生受到了思维定式的影响。于是魏老师风趣地点拨：“我们的思维总是在厨房里打转转啊!”此语一出，后面发言的学生便跳出了厨房这个小天地，能从大千世界各个方面来举例，思维受阻反而成了一种难得的教学资源。

5. 你能否关注学生提出的问题?

关注学生，特别要关注学生提出的问题。有的教师只关注自己提出的问题，对学生提出的问题却不屑一顾，或者不给学生提问的机会，或者害怕学生提问，或者对学生提出的问题置之不理。这些做法与新课标的理念不符。

教学的重要目标之一是解惑。要解惑，先要知惑；要知惑，就要让学生提问。学生提出的问题是教学的起点，找不准教学的起点，难免影响课堂教学效率。

学生问的问题很肤浅，没关系。钱梦龙老师教学《故乡》（人教版九年级上册）一课时，学生问："闰土有六个孩子，为什么不计划生育?""闰土家种了许多西瓜，可以卖钱，为什么还那么穷?"多么幼稚的问题！然而这是少数学生心中的结，帮他们解了心中的结岂不很好，何况还可以引导学生逐步提出有思考价值的问题。

学生问的问题很难，教师一时回答不了也无大碍。于漪老师教学《木兰诗》（人教版七年级下册）一课时，一位学生问："古时候，女人要缠足，一看脚就知道是男是女，为什么说'同行十二年，不知木兰是女郎'?"于老师说："那时，女人还没有缠足。"这位学生穷追不舍地问："女人是从什么时候开始缠足的?"于老师回答不了，说："这个问题，我也说不清，等课后查了资料再告诉你们。"后来，于老师反复查找资料，了解到现代学者一般认为缠足兴起于北宋，再告诉学生。这样做，一点儿也不损教师的面子，学生反而更加亲近、尊敬教师。

学生提问，常常出人意料，也没关系。一位教师教完一篇状物的课文后，让学生观察板栗。教师给每位学生发了一颗板栗，让学生先观察外形，再品尝果肉。一位学生突然提问：

“老师，我这颗板栗有一条虫，怎么吃?”教师灵机一动，说：“哟，连虫子都喜欢吃板栗，你看这板栗多好吃啊!”一句俏皮话，让学生乐成一团。

6. 当学生之间在认知上有矛盾时，你能否把这种认识冲突明朗化，使学生处于思维交锋的状态?

一位教师教学《地震中的父与子》一课时，向学生提问：“一些好心人说‘太晚了，没有希望了’，父亲为什么反问‘谁愿意帮助我’?”一位学生回答：“他在乞求别人。”另一位学生回答：“他希望有人帮忙。”还有一位学生回答：“他不太相信好心人说的话，他坚信儿子一定活着。”教师对这三位学生的回答都予以肯定。其实，这三种回答在认识上有着明显的区别：认为父亲在乞求，显然理解错误；认为父亲在寻求帮助，只看到表面现象；第三位学生的回答准确而深刻，与父亲前后的行为、语言吻合。高明的教师善于发现、挑出学生在阅读理解中产生的矛盾，使之明朗化，并通过细读、争辩来解决矛盾。这样教，课堂才会有思维交锋，课堂才会活水盈盈。如果教师不关注学生在认知上的差异，一味当“好好先生”，课堂难免波澜不兴，学生的阅读能力也难以得到发展。

7. 你能否发现学生学习中的闪光点，并及时给予鼓励性评价?

一次，听一位年轻教师教一年级的课。教完“兔”字，教师让学生用“兔”字组词，有的说“白兔”，有的说“灰兔”，有的说“大兔”，有的说“小兔”，最后一位学生说“兔年”。我当时想，组“兔年”的学生一定会被教师表扬：一是因为别人都是在“兔”前加字组词，他能在“兔”后加字组词，有创意；二是因为别人讲的都是具体的动物，他讲的却是一个抽象概念，难多了！可惜教师只说了句“可以”就让那位学生坐下了。后来，教师教“官”字，问学生怎么记忆这个字，一位学生说："这个字的上面是个宝盖头，下面像我们家的双门电冰箱。"这样的回答真是精彩极了！可惜教师也只是说了句"可以"就让那位学生坐下了。

教学中这样的闪光点几乎经常出现。然而，闪光点常有，发现闪光点的伯乐却不常有，为什么？不是教师不能发现，不是教师不会使用鼓励性语言，而是教师处于紧张的状态之中，思维出现了盲点：他一心在想着自己的教案，想着教案上写的下一步要做什么，下一句话要说什么，他无暇倾听和思考学生的发言。高明的教师一定会用心听取学生的发言，对学生的闪光点会用心发现，用心呵护，用心鼓励，因为这是学生成长的内驱力。

8. 你能否关注学生的学习方法和学习习惯？

一次，听王崧舟老师教学《两小儿辩日》（人教版六年级下册）一课。上课伊始，教师让学生听写两个词语，说："我只念一遍。"接着请两位学生上台听写，说："这两位同学在黑板前听写，下面的同学做什么？请仔细观察他们怎么写。"听写结束后，教师问："你们有什么发现？"学生回答："有一位同学写完之后又把两个词语检查了一遍，发现错误后立即修改了。"接下来，教师让全班学生齐声读这两个词语，学生拖着长腔读，教师及时予以纠正。虽然这个教学环节只有四五分钟，但是教师关注了学生的学习方法和学习习惯：听话要一次听清；有人在台上写字，台下的学生要仔细观察；听写完了要学会检查；读词语要连贯，不要拖腔读。

学习方法和学习习惯的培养具有随机特点，很难在备课时预设。机会来了，点拨一下，渗透一下，最能见效。关键要看教师能否关注学生的学习方法和学习习惯。学语文，说到底就是要掌握正确的学习方法，培养良好的学习习惯，我们切不可忘记。

9. 你能否发现学生的独立见解，从而改变自己原来的做法？

10. 你能否发现学生的困惑并想办法及时解决？

诸如以上的“能否”，我们还可以提出不少。面对这些“能否”，如果你大都可以回答“能”，那么应该恭喜你已经走进新课程了！

（三）如何用两只眼睛上课？

歌德曾说过，经验丰富的人读书用两只眼睛，一只眼睛看到纸面上的话，另一只眼睛看到纸的背后。借用这句话，教学也要用两只眼睛，一只眼睛关注教案，另一只眼睛关注学情。

教学需要预设，要按一定的目标、内容和步骤来实施，不可打无准备之仗；教学中有许多东西又是不可预设的，要依学情施教，顺学而导，不可全按预设的教案行事。这就形成了一对矛盾。解决这个矛盾的办法，就是用两只眼睛上课。

首先，要有关注学生的意识。教师在备课时，心中要有学生：面对一篇课文，哪些知识是学生已经学会的？哪些知识是学生可以自己学会的？哪些知识是学生可能有障碍的？哪些知识虽然重要，但是学生可能会忽略？对这些问题，教师在备课时都要做到胸中有数。教师在上课时，心中更要有学生：要随时观察学生的神态、举止，了解学生的疑问和需求；要耐心倾听学生的提问与回答，发现亮点和不足；要学会根据学情调整、改变自己原来的教学设计。

其次，备课要留有余地。不要把目标定得太散，散则中心不明；不要把内容定得太多，贪多反而不达；不要把教案写得太满，太满反而招损。教学设计，该细的地方可以细一些，如确立核心目标，精选教学内容，精心设计一两个主问题，精心设计学生的学习活动等；该粗的地方要尽可能粗一些，如学生的学习状态如何，问题提出后学生会怎样应答，教师怎样评价，学生可能出什么差错，学生会有什么新的发现，学生之间会有什么差异等。对这些内容，备课时只能进行粗略分析，要待上课时依学情灵活处理。因此，凡是要灵活处理的地方，备课时均应留有余地。

再次，上课时要舍得丢掉教案。对教案上的东西，教师只需记住大概的步骤以及几个核心词语和句子就行了，其余的话，靠临场发挥，而不必照着教案上写的去说。即使有几句精彩的话忘了说也没关系，因为教学的出彩，更多的应体现在学生身上。学生能出彩，还愁课不精彩么？

四、怎样“巧”教

如果每节课都没有变化，学生就会失去学习兴趣。所以，教学方法必须求变、求巧。

海南省有个叫毛立业的年轻教师，2008 年参加全国第七届青年教师阅读教学观摩活动，获得特等奖；2009 年参加首届全国小学语文教师素养大赛，又获得特等奖。最近，我去海南，他把一节课的课堂实录给我看，要我写几句评语。课文是《鹬蚌相争》（苏教版三年级下册），一课时教完。看了他的课堂实录，我不禁感慨万分！整节课有五项内容：解题、学词语、学写生字、朗读、理解寓意。教学内容的选择并无特别之处，然而每项内容的教学都会让你产生一种强烈的印象——“巧”。

（一）巧解课题

我们可以设想一下：“如果我教《鹬蚌相争》，会怎样解题？”无非读一下字音，解释一下“鹬”“蚌”两个字，再介绍一下这个故事。这样教当然也可以，然而学生没有新鲜感。下面我们看毛老师是怎样教学生解题的。

师：（板书课题，注上拼音）同学们，今天我们一起来学习一个故事。

（学生看教师手势读：鹬/蚌/相争；再读：鹬蚌/相争。）

师：（出示图片）认识鹬和蚌吗？看图说说鹬和蚌各有什么特点。

生：鹬的嘴巴很长。

师：同学们可以用自己的手来演示鹬的嘴巴，感受一下鹬又长又尖的嘴巴。

（全班学生跟着教师演示动作。）

生：蚌有肥美的肉、坚硬的壳。

师：同学们可以用手来演示河蚌的两个壳。

（全班学生用两只手做动作。）

师：我们再来看“争”这个字，能给它组个词吗？

生：争吵，斗争，争斗，战争，争论，争前恐后，争辩，争奇斗艳。

师：在“鹬蚌相争”这个成语里，“争”字应该是什么意思呢？

生：争论，争斗。

师：鹬和蚌到底为什么争斗？怎么争斗？争斗结果怎么样？下面，就让我们走进故事。请大家自由读课文，读准字音，读通句子，觉得难读的句子多读几遍。

毛老师引导学生解题，有两点特别巧：一是巧用手势模拟“鹬”“蚌”，贴切、新颖、形象、有趣，全班学生人人参与；二是由一个“争”字巧妙引出三个问题，立即形成教学主线。这样教，学生既学了字，又学了词，还初步了解了全文内容，学得有情有趣。比起一般的解题来，这样的解题方法确实高明许多。

（二）巧学词语

教学课文中的词语，常用的有两种方法：一是把词语挑出来集中教，二是把词语放在学习课文的过程中分散教。还有什么新招没有？有！且看毛老师怎样教。

师：看大家摇头晃脑读书的样子，可爱极了！大家读得怎么样呢？我来考考你们，看谁能读准下列词语（课件出示）。

啄肉	夹住
威胁	相持
毫不示弱	筋疲力尽
得意洋洋	喜笑颜开

师：请大家先自己练习读一下。

（学生自由练习读词语。）

师：请一位同学读一下这八个词语。

（学生读。）

师：读得很准确，大家学他的样子齐读一遍。

（全班学生齐读。）

师：我们合作读一遍，我读左边一列，大家读右边一列，可以根据自己对词语的理解加上适当的动作或表情。

师：（伸长手臂，手指呈尖嘴状，语气狠狠地）啄肉。

生：（双手合起，做“夹”的动作，大声地）夹住。

师：哦，夹得好疼啊！

（学生笑，读得更带劲儿了。）

师：（严厉地）威胁。

生：（不服气地）相持。

师：（瞪大眼睛）毫不示弱。

生：（伏在桌上，有气无力地）筋疲力尽。

师：（大声地、得意地）得意洋洋。

生：（满脸笑容地）喜笑颜开。

师：这样读词语，感觉太棒了，像读故事一样，像看电影一样。大家再自由练习一下，我找一位读得好的同学给大家读一读。

（学生自由练习，读得很带劲儿，气氛热烈。）

毛老师教词语，真巧！巧在把词语的顺序进行了调整，使学习词语与理解课文内容形成同步。于是，学词语好像听故事，又好像在做游戏，枯燥乏味的感觉一扫而空，一个个孤立的词语也变得富有人情味了。小“巧”一下，这课的“味道”就大不一样啊！

（三）巧学写字

学写字，常用的方法是安排在学完课文之后，也有在课中穿插教写字的。你见过在概括课文内容的同时学写字的么？我在读毛老师的课堂实录之前，从未看到过。

学生初读课文，学习词语之后，毛老师出示了这样几道题。

（1）河滩上，一只鹬啄住河蚌的肉，河蚌毫不示□地把鹬的嘴夹住了。

（2）它们互不相让，最后都筋□力尽了。

（3）这时，一位渔夫过来，喜笑颜开地把它们一齐□住了。

这三句话概括了全文的内容，巧妙地分别嵌入了三个田字格，要求写出三个字——弱、疲、捉。这样，学写生字与把握课文内容同步进行，一举两得，既省时，又让学生产生新鲜感。这样的“巧”，难得，不是每堂课都可以套用的。

（四）巧设朗读

激情朗读，是许多教师上观摩课的常规武器。然而，能把激情朗读与学习词句紧密结合在一起的，却不多见。毛老师的朗读指导，正好鲜明地体现了这一特点。

文中有这样的对话：

鹬用尽力气，还是拔不出嘴来，便威胁蚌说："你不松开壳儿，就等着瞧吧。今天不下雨，明天不下雨，没有了水，你就会干死在这河滩上！"

河蚌毫不示弱，得意洋洋地说："我就这样夹住你的嘴不放。今天拔不出来，明天拔不出来，吃不到东西，你也会饿死在这河滩上！"

如何引导学生激情朗读这段对话？毛老师是这样设计的：(1）把文中的这两段对话单独挑出来，进行专门的朗读训练。(2）将全班学生分成"鹬鸟组"和"河蚌组"，形成"争读"的阵势。(3）要求学生分三次"争读"：第一次，双方站起来"争读"，争得"毫不示弱"；第二次，双方坐下来"争读"，争的声音"越来越小"；第三次，双方趴在课桌上"争读"，争得"筋疲力尽"。全班学生都投入激情朗读中，形成了课的高潮。

这样的朗读设计，将朗读训练、词语理解、课堂表演、情感体验融为一体，真是非常巧妙！

(五）巧悟寓意

这是一篇寓言，寓言教学的难点是理解寓意。理解寓意的常用教法是由浅入深地提出若干问题，引导学生逐步抽象出寓意。如引导学生领悟本课寓意，教师可能提出这样的问题："鹬和蚌相争，结果如何?""谁和谁受害，谁得利?""从这个故事中，我们可以得到什么教训和启示?"这样教，当然也未尝不可。然而我们未必只此一招，再无别法，且看毛老师怎样另辟蹊径。

学到课文收尾处，他用简笔画在黑板上画了一位渔夫，再加一个鱼篓，鹬和蚌都被捉住放在里面，然后引导学生想象：

此时，渔夫会想些什么，说些什么？鹬和蚌会想些什么，说些什么？想象的翅膀一展开，对寓意的领悟便水到渠成。这样领悟寓意，新鲜而又轻松，比起反复的问答，岂非巧多了！

毛老师这堂课的教学，可以用一个“巧”字来概括：巧解课题，巧学词语，巧学写字，巧设朗读，巧悟寓意，教师的语言也不乏幽默机巧。然而，这些“巧”，都是一眼看得见的“巧”。这堂课的教学，还有一种深层次的“巧”，那就是把语言学习与人文感悟巧妙地融为一体。这是一种大“巧”，是决定一堂语文课成功、高效的关键。

解题时，好像是在学解题，又好像是在把握形象，学解题与把握形象融为一体；学习词语时，好像是在理解词语，又好像是在理解故事情节，学词语与理解故事情节融为一体；书写生字时，好像是在学写字，又好像是在把握课文的主要内容，学写字与把握课文内容融为一体；朗读重点段落时，好像是在学习朗读，又好像是在体验课文表达的情感，学朗读与悟情感融为一体；收尾的一环，好像是在领悟寓意，又好像是在进行语言拓展训练，领悟寓意与语言拓展训练融为一体。总之，从头到尾，无一处不见语言文字，也无一处不见人文感悟，“言”与“意”，真是分不开，剪不断。阅读教学，得“意”忘“言”，显然不可取；得“言”忘“意”，同样不可取；既得“言”又得“意”，但“言”“意”分离，还是不可取。唯有“言”“意”兼得且融为一体，才是语文教学的最高境界。

教学的巧，从何而来？巧的来源，大体有两条路径：一是拿来，二是自创。

先说“拿来”。当下不少青年教师教学设计的巧，主要源于模仿名师。一旦发现某位名师在教法上有一新招，大家便蜂拥而学，立即推广开来。如某位名师采用“棒，棒，棒，你真棒！”来鼓励学生，于是这一教学用语立即响彻祖国的大江南北；某位名师采用循环朗读的方法教一篇课文，于是这一方法立即传遍五湖四海。模仿名师的某种教法，本是青年教师成长的一种方式，然而不可多用。第一，任何具体的教法，都有特定情境，简单模仿难免东施效颦；第二，模仿一旦成风，常常会陷入教学的困境；第三，名师有限，名师的创造力也是有限的，满足于长期进行“模仿秀”，教学方法的创新就会枯竭。因此，“拿来”要适可而止。

再说“自创”。巧方法，贵在自创，贵在因课、因班、因时制宜。任何一篇课文，任何一项教学内容，都会有无穷多的巧方法，关键在于教师是否有求变、求新的追求，是否有换一种想法的意识。“奇迹产生于换一种想法之中”，有时只要稍稍改变一下，“拙”就成了“巧”。一篇教材只为教师教学提供一个舞台，在同一个舞台上，不同的教师却会演绎出精彩程度迥异的节目，这就要看教师的创新能力了。同样是教“鹬”“蚌”两个字，常规的教法是带学生读几遍，这样教，难免淡而无味；毛老师让学生用手去演示，稍一改变，便妙趣横生。同样是教词语，常见的教法是按词语出现的顺序让学生朗读，这样教，难免平直呆板；毛老师只是把词语的顺序稍微调整一下，便形成了一种全新的教学思路，学生学起来兴趣盎然。同样是教朗读，常见的教法是按课文情节，学到哪儿就读到哪儿，这样教，难免波澜不兴；毛老师只是把文中的两段对话单独挑出来，设计成三次“争读”，这样稍微一变，课堂就变得十分精彩了！可见，教好一堂课，要有求变的精神，要善于对教材进行再创造。这种再创造的潜能，应该说每位合格的教师都具备，关键在于教师是否有换一种教法的意识。有了求变、求新的意识，巧的教法自然就会有如泉涌。因此，教师必须要努力提升自己的创新能力。

五、怎样从名师大课中学得真本领

听名师大课，听一课，仿一课，看一招，学一招，已成为当下小学语文教学的一种流行趋势。名师的教学理念和教学方法，通过这种形式迅速传播开来，对推动小学语文教学改革、推动新课程的实施，发挥的作用不可小觑。然而，名师大课的副作用也不可小视。随着名师大课越演越烈，这种副作用可能超越了它的正面影响。因此，学会听名师大课，已成为当下语文教学的一个热点问题。

（一）名师大课的先天不足

名师上观摩课，动辄上千人听课。这种大型观摩课与普通的常规课堂相比，有本质区别。在普通的常规课堂中，教师常用的行之有效的教学方式，在名师大型观摩课上，我们已经很难看到了。概括起来说，名师大型观摩课有以下几个“基本没有”。

一是基本没有课堂预习。在常规课堂上，预习是不可或缺的一个环节。这个预习环节，是学的起点，也是教的起点。然而在名师大课上，这个预习环节基本消失了，学生快速浏览一遍课文，就会进入深度讨论。

二是基本没有课堂纠错。在常规课堂上，学生暴露出来的错误非常多，教师要花不少时间去纠错。可是在名师大课上，学生似乎突然变得成熟起来，不管教师提出多么难的问题，学生都能纷纷举手，而且回答得让人惊叹不已。

三是基本没有默读训练。默读，按新课标要求，要从小学低段开始训练；进入高段后，朗读与默读相比，教师应花更多的时间指导默读。然而，在名师大课上，不管教什么课文，我们看到的几乎都是清一色的朗读训练，而极少能看到默读训练；即使有安排默读的，也只是一两分钟走走过场。

四是基本没有课堂练笔。课堂练笔，无疑是读写结合的重要方式。可是在名师大课上，极少能看到独立的课堂练笔；即使有，也是三五分钟学生就写出一篇洋洋数百字的文章，学生似乎个个成了天才。

五是基本没有课堂练习。做字词句练习，也是常规课的主要形式之一。但是在名师大课中，我们很少能看到教师安排五分钟以上的时间让学生做练习。凡是练习、背诵、查资料、写片段之类，一般都安排在课后。

课堂预习、课堂纠错、默读训练、课堂练笔、课堂练习，这些以学生自主学习为特征的学习形式，是阅读教学的基本形式，是常规课的常规武器，对于培养学生的语文阅读能力有着举足轻重的意义，名师为什么大都弃之不用呢？因为，名师上大型观摩课，有太多的不得已。

名师要考虑现场学生的实际情况。学生一旦参与这种大型观摩课，其心理会发生诸多变化。学生是一个爱表现的群体，有这么多教师来听课，他们都想好好表现。他们会把课文读得滚瓜烂熟，会把资料查个遍，会把难题都在课前解决掉。何况，不少地方的名师观摩课，学生常常是从若干班级中“选拔”出来的学优生。这些学生已非常规课堂中的那些学生了，面对这样的学生，名师还能像常规课那样教学吗？还能安排预习、纠错等环节吗？

名师要考虑听课教师的情绪。名师的大型观摩课，从表面上看，教学对象是学生，其实是上给听课教师看的。动辄上千名教师在现场听课，会形成一个强大的磁场，对作课教师造成巨大的约束，他敢花六七分钟让学生默读课文么？他敢花十分钟让学生当堂练笔么？那样的话，上千名听课教师干什么？他们会窃窃私语。听课教师大都看不到现场的学生，能怪他们吗？名师为了照顾听课教师的情绪，不得不砍掉默读、练笔、练习等重要环节。

名师还要考虑自身的形象。上常规课，教师追求的是学习过程和效果。名师上大型观摩课，更多的是追求轰动效应，是“亮点”“精彩”“创意”，是听课教师的反响。凡是“不好看”的，名师会尽力回避。预习、纠错、默读、练笔、练习之类，虽然十分有用，可是“不中看”“不好看”，自然会被弃之不用。这也是一种不得已。

总之，名师上大型观摩课，其对象、场景、心理等，与常规课相比，有本质区别。名师上大型观摩课，不得已要违背许多常规来“作秀”。这是大型观摩课的先天不足造成的，责任常常不在名师。

如果我们一招一式照搬名师的课，那肯定会失望的。对象变了，场景变了，刻舟求剑，岂不失望？

（二）名师大课的方向误导

名师上大型观摩课，因为过分追求“亮点”“精彩”“创意”，而较少考虑常规教学的一般规律，因而常常出现误导现象。现以王崧舟老师上的《与象共舞》（人教版五年级下册）一课为例，进行具体说明。

王崧舟老师是颇具影响力的一位名师，也是我们十分敬佩的一位教师。近年来，他在全国多地上《与象共舞》一课，赢得普遍赞誉，模仿者恐怕数以万计。王老师教学《与象共舞》，亮点很多，创意迭出，精彩纷呈，这是大家公认的。然而，从常规课的角度来分析，王老师又存在诸多误导之处。

第一，教得太细，违背略读课文的教学特点。

《与象共舞》是一篇略读课文。按教材的编写意图，略读课文在理解内容方面强调粗而不强调细，在教法上强调放而不强调收，意在培养学生的自学能力。这篇课文在内容理解上并无难度，五年级学生读一两遍就能弄懂；在写法上，教师稍做点拨，学生就会有所收获，似乎没有必要教得太细。

但是王老师教学《与象共舞》，从字词到句子、篇章，再到课文内容的体验感悟以及朗读课文，都教得非常细致。一个“拥”字，就教了十来分钟。课内，学生极少有独立自学、思考、练笔的时间，只是被教师提出的大量问题牵着走。这样教学略读课文，还能叫“略读”吗？这样教学略读课文，能培养学生的自学能力吗？这样教学略读课文，符合教材的编写意图吗？当下的语文教学，在很大程度上靠的是名师引路，不少年轻教师上课都是按名师上课的模式来运作。如果你按教材的编写意图来评课，说略读课文不宜教得太细，要敢于放手，他们就会振振有词地反驳：某某名师不也是这样上课的吗？这样，究竟如何教学略读课文，就变得越来越糊涂了。

第二，问得太多，学生被牵着鼻子走。

上一堂课，教师究竟提多少问题较为妥当，似乎没有定论。但总的来说，问题提得太多，可能不是好事。教师提出的问题太多，有诸多弊端：一是教师太强势，学生始终处于被动应答的状态，无法发挥主体性和主动性，给人一种被牵着走的感觉；二是学生始终处于一种匆忙应答的状态之中，极少有独立阅读、思考、练笔的时间，语文实践活动难以落实。新课标指出：“语文课程是实践性课程，应着重培养学生的语文实践能力，而培养这种能力的主要途径也应是语文实践。”教略读课文，更应以学生的自主阅读为基本特征。课堂上从头到尾进行挤牙膏式的问答，学生的语文实践能力是很难提高的。

我粗略统计了一下王老师在课堂上的提问，第一课时有 30 多个问题，第二课时有 70 多个问题。这些问题的设计尽管大都很有创意，很出彩，然而学生几乎每分钟都要应对教师提出的问题，他们还能静下心来阅读、思考吗？还有时间练笔吗？

还能采用自主、合作、探究的学习方式吗？学生的学习还有多少主动性可言？

听一些名师上课，常有这样的感觉：教师从头到尾一个劲儿地提问，一堂课四五十个问题不在少数。这样从头到尾师问生答的教学模式，已经成为观摩课的一种常态，并且正在向常规课蔓延。这样教学，与新课标中“学生是学习的主体”的基本理念是否冲突？与新课标提倡的自主、合作、探究的学习方式是否冲突？与新课标提倡的以学生的语文实践活动为主的理念是否冲突？与教材的编写意图是否冲突？

第三，教得太随意，把教材丢在一边。

《与象共舞》是人教版五年级下册第八组课文中的一篇。第八组的单元提示中已明确指出：“阅读本组课文，要抓住主要内容，了解不同地域的民族风情特点，还要揣摩作者是怎样写出景物、风情的特点的，并注意积累课文中的优美语言。”显然，了解特点、揣摩作者如何写出特点是本组课文教学的重点。《与象共舞》这篇课文前还有一处提示，主要讲了两点意思：一是想想泰国人与大象的关系是怎样的；二是联系上一篇课文，比较两篇课文在写法上的异同。第一点不难，学生读一两遍课文即可明白，不必“深挖洞”；第二点要通过对比领悟表达方法，是该组课文指定的教学重点，又是学习难点。因此，教学这篇课文，应该把领悟作者是如何抓住异国风情特点来写的作为教学重点，并可设计一个读写结合的训练。这样教学，既符合教材的编写意图，又有利于提高学生的读写能力。

但是，王老师上课好像极少考虑教材的编写意图。王老师的课，第一种教法主要是教词语、教朗读、教学生体验人与象的关系，指向理解与感悟；第二种教法主要是教词语的运用、体会语言的节奏、领悟课题与课文内容之间的关系等。两种教法都与教材指定的教学重点关系不大。尽管王老师选定的教学内容非常精彩，体现了名师对教材的独特解读，但我们不得不问：为什么把教材指定的教学内容、教学重点放在一边呢？教材是教师教学的基本依据，教材中的课文也不是孤立的，前后若干课文是一个相互联系的有机整体。教师抛开教材的编写意图，想教什么就教什么，行吗？名师这样教，也许会被认为是一种创新；普通教师这样教，则会被批评为没有深入钻研教材。他们是像名师那样，抛开教材的编写意图自定教学内容，还是基于教材的设计来教学呢？

其实，不光是听王老师的课会有这样的困惑，听别的名师上课，普通教师也大都会产生困惑：为什么略读课文教得越来越细？为什么一节课从头到尾都在进行问答？为什么把教材的编写意图丢在一边？为什么教学高段的课文时一味朗读而极少安排默读？为什么一堂课上极少看到背诵、写字、练笔、查字典、做练习这样最基本的语文实践活动？为什么教师一提出问题学生都能不假思索地做出精彩回答？为什么教一首古诗要花七八十分钟？难道名师上课就可以不遵守语文教学的基本原则吗？

名师大课常常在“亮点”“精彩”“创新”的掩护下，导致语文教学不遵守基本原则和基本规律，这是很值得警醒的。

（三）名师大课的精髓所在

指出名师大课的不足，并非提倡不学名师。名师是财富，是榜样，是方向，普通教师应该虚心向名师学习。问题是怎样学名师？

学名师不可简单模仿。名师上课，有其特殊对象、特殊背景、特殊条件，是不可复制的。即使你的每个设计、每个问题甚至每个手势与名师上课一模一样，其效果也会大相径庭。因为学生是动态的，课堂是变化的，教学必须因人、因地、因时制宜。用不变的招式来教学生，哪有不失败的道理？齐白石曾有名言：“学我者生，似我者死。”一招一式地学，只求表面相似，很可能闹出东施效颦的笑话。

学名师要学其根本，名师的课上得好，有多种内在因素在起作用。就以王崧舟老师为例，值得普通教师学习的地方有许多，如不懈的追求、丰富的学识、教学的创意、对教材的独特解读、感人的课堂语言以及精美的板书等，这些是成就名师的根本，也是上好一堂课的根本。一招一式是表面的、显性的，大家都看得到；名师的精髓是内在的、隐性的，一般很难看得到。我们要透过表面的一招一式感受名师大课的精华所在，从而吸收其精髓，学习其根本，这样才会不断进步。

第五章 语用课堂的课例评析

课例评析，即课堂教学评析，它是提高课堂教学质量的重要途径。语用课堂的课例评析，旨在通过优秀课例中所体现的以学生为主体，以学生自主学习、读练结合为中心的教学思想和教学方法进行思考、探究，促进教师专业水平和教学能力的提升，进而提高课堂教学效率。

一、《地震中的父与子》——阅读教学实现美丽转身课例

阅读教学有两种基本模式：一种是以教为主的教学模式，教师不断地讲解、提问，学生只需倾听、回答；另一种是以学为主的教学模式，即在教师的指导下，学生自主阅读、思考、练笔。阅读教学要提高效率，必须经历一个“以教为主”到“以学为主”的美丽的转身过程。

（一）两种模式，两种结果

两种教学模式，其观念、过程、特征，都是有本质区别的。那么，它们的教学效果会有什么区别呢？且看一个对比研究。

有两位教师分别采用了不同的教学模式，用两课时教学《地震中的父与子》一课。第一位教师以讲解和提问的方式为主，设计了以下教学过程。

1. 导入。

教师播放课件后提出两个问题：“你们在电视中看到过有关汶川地震的报道吗？”“有什么场面和人物让你特别感动？”学生围绕这两个问题回答，用时8分钟。

2. 整体感悟。

学生初读课文后，教师提出“课文主要写了哪些人？”等5个问题让学生回答，用时10分钟。

3. 教读开头三个自然段。

一位学生朗读后，教师提出“地震发生在哪个国家的哪个城市？”“地震中教学楼发生了哪些变化？”“年轻的父亲对儿子说过什么特别的话？”等8个问题让学生回答，用时10分钟。

4. 教读第四至第十二自然段，感悟父亲的了不起。

教师提出“父亲了不起表现在什么地方?”“消防队长挡住他，他为什么不理睬?”“警察让他回家，他为什么不回家?”“他真的精神失常了吗?”“他一直挖了多长时间?”“他为什么双眼布满了血丝?”“是一种什么力量鼓舞他长时间挖掘?”“一个‘挖’字反映了父亲的什么精神?”等16个问题让学生回答，用时30分钟。

5. 教读第十三至第二十三自然段，感悟儿子了不起。

教师提出“儿子了不起表现在什么地方?”“儿子说的哪句话最让你感动?”等8个问题让学生回答，用时17分钟。

6. 总结全文。

教师提出“这是一位怎样的父亲?”“这是一个怎样的儿子?”“课文表达了怎样的感情?”这3个问题让学生回答，用时5分钟。

这就是以教师讲解、提问为主的阅读教学模式。教学过程是按教师提出的42个问题展开的。课堂上基本上没有学生自主学习的时间，每个环节的学习均由教师掌控。

第二位教师以学生自主读练的方式为主，设计了以下教学过程。

1. 自读批注。

教师要求学生默读全文，并提出以下默读要求：(1) 边读边画出“混乱”“昔日”“废墟”“破烂不堪”等14个词语，抄写一遍，并联系上下文理解这些词语的意思；(2) 理解课后思考题中提示的重点句子；(3) 用一两句话概括课文的主要内容。学生自学用时15分钟，反馈交流用时10分钟，合计用时25分钟。

2. 领悟人物描写方法。

教师“举一”：有些好心人劝父亲说“太晚了，没有希望了”，父亲双眼直直地看着这些好心人，问道：“谁愿意帮助我？”提问：父亲的神态是怎样的？为什么会这样？（对好心人的劝告不满意，他认为救儿子不晚，儿子有希望活着）父亲的语言有什么特别？为什么父亲不回答“还不晚，还有希望”，却反问“谁愿意帮助我”？（因为他坚信儿子活着，认为“太晚了，没有希望了”的劝告不值得回答。父亲的坚定信念了不起，全体现在神态、语言之中）讨论之后归纳：从人物神态、语言、动作的描写中，感悟人物的情感和品质。学生“反三”：自读全文，画出描写人物神态、语言、动作的句子，读一读，说说这些描写体现了什么情感。这个过程用时 30 分钟，其中学生独立自学用时 10 分钟，反馈交流用时 20 分钟。

3. 仿写片断。

设计情境（如妈妈试新衣，爸爸下厨房，陌生人来访等），要求学生自选内容写一个片段，要注意描写人物的神态、动作、语言，表达适当的感情。这个过程用时 25 分钟，其中学生独立写作用时 15 分钟，交流评价用时 10 分钟。

这是以学生自主读练为主的教学模式。教师只提出学习内容和学习目标，在关键处做一些指导，其余时间均让学生自主读练。在 80 分钟时间内，学生自主读练的时间达到了 40 分钟。

这是两种截然不同的阅读教学模式，其教学效果有什么区别呢？我们按照新课标和教材对高段学生的要求，统一拟制了一套测试题，对两个班的学生进行了现场检测。前一个班的学生平均成绩为 72 分，后一个班的学生平均成绩为 87 分。可见，以学生自主读练为主的教学成效，明显高于以教师讲解和提问为主。以学生自主读练为主的教学不仅经得起现场检测，而且具有长效作用：学生主动学习的积极性在提高，学生的自学能力在提升，学生的写作能力在提升。这些虽然在现场检测中一时难以显现，但是对学生的长远发展有着深远影响。

（二）以学为主，以教为辅

实践证明，两种教学模式的教学效果有着显著的差异。那么，阅读教学以学生自主读练为主，它的理论依据是什么呢？

第一，从我国传统的语文教学经验来看，人们一直提倡以学生的自主读练为主。孔子教学时，一般都是由学生提出问题，然后让学生各抒己见，最后以孔子的评论结束。我国最早一篇专门论述教育和教学问题的文章《学记》提出的教学基本原则是“导而弗牵”，主张教师要起引导作用，不要用琐碎的问题牵着学生走。我国传统的私塾教学，百分之九十的教学时间是让学生读书作文，教师极少讲解和提问。《红楼梦》中有一回描写黛玉教香菱作诗，黛玉的教法并不是讲解和提问，而是让香菱熟读王维的五言律诗一百首、杜甫的七言律诗一二百首、李白的七言绝句一二百首，自己去揣摩，再与黛玉交换读诗心得，这样反复多次，一个初识字的丫鬟在几个月内就学会了写诗。古语云：“读书百遍，其义自见。”“熟读唐诗三百首，不会作诗也会吟。”这些古训都在告诫我们：教语文，一定要让学生多读多练，而不宜用教师的讲解和提问代替学生的读练。

第二，从现代教育理论的研究成果来看，无一不主张教学应以学生的学习活动为主。从发现教学法到合作学习教学法，从人本主义到建构主义，都主张教学应以学生为中心，强调必须把学习者视为学习活动的主体，强调让学生自己提出问题、主动探究、进行自我反馈。现代活动教育理论告诉我们，活动与发展是教学的一对基本范畴，活动是实现发展的必由之路。学生的主体活动是认知、情感、行为发展的基础。无论是思维的发展，基本能力的发展，创新精神的发展，还是情感态度与价值观的发展，都要通过主体与客体相互作用的过程去实现，而主体与客体相互作用的中介，正是学生参与的各种各样的活动。教育要改变学生，就必须首先让学生作为主体去参与活动。学生的创新精神、实践能力等，是在丰富多彩的自主活动中实现的，而不是外界强加的。活动教学理论强调，教学的关键是创设学生的学习活动，给学生提供适宜的活动情境，构建学生自主学习模式。以教师讲解和提问为主的教学模式，与现代教育理论的基本精神相去甚远。

第三，从新课标来看，其一直强调语文教学应以学生的语文实践活动为主。新课标在“课程基本理念”中指出：“语文课程是实践性课程，应着重培养学生的语文实践能力，而培养这种能力的主要途径也应是语文实践。”这里说的“语文实践”，即指学生的阅读、写作、练习等活动。请注意“着重”“主要途径”这两个关键词。这说明，学习语文，应以学生的语文实践活动为中心，而不宜以教师的讲解和提问为中心。那样做，是本末倒置，是完全违背新课标的课程基本理念的。新课标还提倡自主、合作、探究的学习方式，也是强调语文教学应以学生的学习活动为中心。

第四，从人们学习语文的实践经验来看，我们语文素养的获得，主要靠什么？恐怕每个人都会这样回答：靠的是自己多读多写。高明的教师对学生阅读能力的形成会有一定的影响力，但从哲学的角度分析，阅读能力的形成，内因必然是第一因素。真正高明的教师，决不会在课堂上问个不停、讲个不休，而会把学习的主动权交给学生。由此可见，阅读教学，应该以学为主，以教为辅，而不可反过来。

（三）改变现状，从我做起

我国的阅读教学，一直存在“三多三少”的现象，即教师“讲得多，问得多，演得多”，学生“读得少，写得少，练得少”。“三多”，当前又以教师“问得多”为主要特征，教师围绕着课文内容提问，学生围绕着教师的问题应答，亦步亦趋，基本上没有主动性可言。“三少”，又尤以默读思考的机会少，阅读中练笔的机会少为主。这“三多三少”，是导致语文教学长期存在的“少慢差费”现象未能改变的根本原因。

阅读教学应以学生的语文实践活动为主，这道理本来明明白白，并不难懂，然而为什么许多教师一走上讲台，总喜欢问个不停、讲个不休呢？其中的原因有很多，尤其与名师大型观摩课的负面影响有密切关系。名师大型观摩课从头到尾都热闹非凡，从“导入”开始，名师就变着花样提问、讲解、播放课件，甚至表演节目。看名师的课，就是看名师展现提问、讲解、表演的高超本领，学生在课堂中只是名师的一种陪衬。名师这样上课，是一种不得已，因为名师上课的对象从表面上看是学生，实质上是听课教师，名师面对众多的听课教师上课，不得不“作秀”，这是名师大课的先天不足造成的。因此，学名师，决不可机械模仿。

实现阅读教学的美丽转身，要从以下几个方面做起。

首先，要转变观念。学生的阅读能力，不是教师问出来、讲出来的，而是在教师的引导下，由学生从自己的阅读实践中获得的。这正如儿童学拿筷子吃饭夹菜一样，就是靠自己反复模仿、反复尝试、反复练习而成，大人只需做个示范，稍加指点，而不必花许多力气去讲拿筷子的意义、功能和方法，更没有必要吃一顿饭提几十个问题。

其次，要变“三多三少”为“三少三多”。“三少”即教师少问，少讲，少演；“三多”即学生多读，多写，多练。这个“三少三多”包括多层含义：一是体现在时间上，学生独立学习的时间要相对较多，教师活动的时间要相对较少；二是体现在主体性上，学生的主体性要强，学生要有自由学习的空间，教师只是指导者；三是体现在学习内容上，每课内容力求少而精，集中精力突破重点和难点，而不要贪多求全。

再次，要学会设计学生的学习活动。许多教师习惯于设计怎样导入、怎样提问、怎样讲解、怎样启发、怎样评价、怎样过渡、怎样总结、怎样板书等教师的教学活动，而对如何设计学生的学习活动，则不够重视或缺少实践经验，从而导致课堂教学出现师强生弱的局面。因此，要想实现阅读教学的美丽转身，教师必须学会设计学生的学习活动。从阅读教学的角度来说，教师要学会设计学生的课堂阅读活动、课堂练笔活动和课堂练习活动，要把教学设计的重心转移到学习活动的设计上来，而教的活动则应围绕学的活动运转，服务于学的活动。

二、《鲸》——两种教学思想比较课例

李老师与杨老师分别教学《鲸》一课，在阅读教学的指导思想上有本质区别。下面笔者从中选取若干教学片段进行比较和分析。

（一）初学全文，是了解知识还是抓住要点？

1. 李老师的教学片段

师：我先请几位同学朗读课文。（分别请几位学生朗读课文，用时5分钟）

师：课文讲了什么？谁来说一说？

生：课文讲了生活在海洋里的一种动物——鲸。

生：课文讲鲸有两类，一类是须鲸，一类是齿鲸。

师：这两种鲸有什么不一样？

生：须鲸没有牙齿，齿鲸有锋利的牙齿。

师：很好。它们吃的东西有什么不一样？

生：须鲸主要吃虾和小鱼，齿鲸主要吃大鱼和海兽。

师：课文还讲了什么？

生：课文还讲了鲸的个头很大，目前已知最大的鲸约有十六万公斤重。

师：十六万公斤，大概是多大？能打个比方吗？

生：有几十头大象那么大。

生：有一百头水牛那么大。

师：你们很有想象力！一头鲸有几十头大象那么大，有一百头水牛那么大，这是多么巨大的动物！所以，鲸是当今世界上最大的动物。课文还讲了什么？

生：鲸是用肺呼吸的。

师：鲸是用肺呼吸的。那么，鱼是不是用肺呼吸的？

生：鱼是用鳃呼吸的，人是用肺呼吸的。

师：这位同学说得好，他能把人与鱼的呼吸方式进行比较。鲸还有什么生活习性？

生：鲸每天都要睡觉，睡觉时总是几头聚在一起。

师：这位同学发现了鲸的又一种生活习性。你们还有什么发现？

生：鲸是胎生的，幼鲸靠吃母鲸的奶长大。

师：概括得很好。除了这些，课文还讲了什么？

生：课文第二自然段讲鲸是哺乳动物。

师：很好。谁能把课文的主要内容连起来说一说？

生：课文讲了鲸的体型大，分两类，还讲了鲸用肺呼吸，睡觉时总是几头聚在一起等。

生：课文讲鲸的种类和生活习性。

师：谁能概括得更准确、更全面一些？

生：课文讲鲸的体型、属性、种类和生活习性。

师：这位同学概括得比较准确。

2. 杨老师的教学片段

师：请大家默读课文，边读边思考：课文是从哪几个方面来写鲸的？注意两点要求：（1）分点概括，内容要全面；（2）抓住要点概括，语言简明扼要。

（学生默读全文，边读边思考，用时约8分钟，交流约2分钟。教师巡视，个别辅导。）

师：请说说你是怎么概括的。

生：我是这样概括的：（1）鲸比大象还要大；（2）鲸分为须鲸和齿鲸两类；（3）鲸用肺呼吸；（4）鲸每天睡觉，总是几头聚在一起；（5）鲸是胎生的，幼鲸靠吃奶长大，鲸的寿命很长。

生：我概括了三点：（1）鲸很大很重；（2）虎鲸是“海中之虎”；（3）鲸喷出的水柱非常高。

生：我分以下几点概括：（1）鲸的体型；（2）鲸的属性；（3）鲸的种类；（4）鲸的生活习性。

生：我概括为六点：（1）鲸的体型大；（2）鲸是哺乳动物；（3）鲸分为须鲸和齿鲸两类；（4）鲸用肺呼吸；（5）鲸聚在一起睡觉；（6）鲸是胎生的。

师：这四位同学都能按要求分点概括，有的概括为五点，有的概括为三点，有的概括为四点，有的概括为六点。你认为谁概括得比较全面、准确？

生：我认为第四位同学概括得比较好。他把每个自然段的内容都概括了出来。

生：我认为第三位同学概括得比较好。课文最后三个自然段，可以合在一起概括。

生：第一位同学没有将课文第二自然段的内容概括出来，第二位同学概括得不全面。

生：第一位同学概括得有点儿啰唆。

师：大家评价得很准确。第一位同学概括得不简明；第二位同学概括得不全面，也不够准确，如“虎鲸是‘海中之虎’”“鲸喷出的水柱非常高”，是否准确？

生：不准确。

师：我们要学会抓段首句来概括，不要只抓自己感兴趣的内容来概括。第三、第四位同学就抓住了段首句来概括，语言都很简洁。你们觉得谁概括得更好？

生：第三位同学分四点概括，简明扼要。我也是这样概括的。

师：我也同意这种看法。第四位同学概括得也可以，他把最后三个自然段分三点来概括，与第三位同学的概括大同小异。

以上两个教学片段，都是整体感悟课文，但教学的指导思想有本质区别。

1. 教学目标和教学内容不一样

李老师的教学，立足于让学生了解鲸的有关知识，教师的提问、讲解、评价都是围绕鲸的知识来进行的。对如何读好说明文，如何引导学生抓住说明文的要点，教师并未下功夫，学生在这方面也没有长进。这样的课，不太像语文课，倒有点儿像科学课。杨老师的教学，立足于让学生抓住文章的要点，并围绕如何抓住要点这个核心来展开，学生在学习中经历了由不会抓要点到比较会抓要点的过程，学有所得。

2. 学习的主体不一样

李老师的教学，给人感觉是教师唱主角，学生只是陪衬。教师用十几个问题来组织课堂教学，不断地就课文内容提出琐碎的问题，学生只进行简单应答，无学习主动性可言，难以从整体上把握课文内容。并且问答只在教师与少数学生之间进行，全班大部分学生只是“看客”，没有独立阅读、独立思考、独立练笔的时间。这种教师主宰课堂的教学，对培养学生的独立阅读能力毫无益处。

杨老师的教学，既发挥了教师的主导作用，又充分发挥了学生的主体作用。杨老师设计了“课文是从哪几个方面来写鲸的”这样一个主问题，并提出了两点明确的要求让学生自己阅读，自己归纳，然后进行反馈、交流、评价。学生阅读、思考和交流的时间达10分钟，每个学生都经历了抓要点的过程。反馈时，也以学生的活动为主，教师虽也有提问，但问得不多，且能问到关键处，简要的提问、点评、讲解，发挥了教师的引领作用。这种以学生为主的教学，有利于学生学到真本领。

（二）细读课文，是解说内容还是领悟写法？

1. 李老师的教学片段

师：大家齐读第一自然段。

（学生齐读。）

师：鲸是很大的动物，目前已知最大的鲸约有多重？

生：最大的鲸约有十六万公斤重。

师：鲸又大又长，我国发现过一头近四万公斤重的鲸，它大约有多长？

生：约十七米长。

师：它的一条舌头有多重？

生：有十几头大肥猪那么重。

师：你们看，一条舌头就有十几头大肥猪那么重，我们全班同学来吃，得吃多久呀？

生：要吃一年。

生：要吃三年。

师：它的嘴巴有多大？

生：人站在它嘴里，举起手来还摸不到它的上腭，四个人围着桌子坐在它的嘴里看书，还显得很宽敞。

师：鲸的嘴巴真大啊！难怪它是当今世界上最大的动物。课文中用了许多数字，这里还打了一个比方，很形象。大家把这一段再读一遍。

（学生齐读。）

师：我们再来学习第二自然段，大家先齐读一遍。

（以下各段，教师大体按教第一自然段的方法进行教学，用时 30 分钟。）

2. 杨老师的教学片段

师：现在我们来学习第一自然段。这一段写鲸的体型大，作者写了哪几个要点？请自读课文，并概括要点，看谁概括得比较准确、简明。

（学生自主阅读、思考，用时 3 分钟。）

师：你是怎样概括的？

生：约有十六万公斤重，约十七米长，嘴巴能放下桌子。

师：不错，你把要点抓住了。

生：很重，很长，嘴巴很大。

师：这位同学只用了八个字，就把要点概括出来了。

生：老师，我只用四个字——重，长，嘴大。

师：妙！老师很佩服你！将来你可以当语言大师啊！

师：大家先看课文第一句，为什么第一句不说鲸却说大象，是不是有点儿走题？

生：大象也很大，所以先从大象说起。

生：这是用大象与鲸进行比较。

师：好！这是作比较。大象是我们经常看到的动物，用大家熟悉的动物与鲸作比较，鲸有多大，就容易体会了。说明事物，作比较是一种好方法。这一段中还有一些地方也用了作比较的说明方法，另外有一些地方用了列数字的说明方法。大家找一找，画一画，哪些地方是用了作比较的说明方法，哪些地方是用了列数字的说明方法？找出来以后，四人一组议一议。

（学生边读边画，小组交流，用时5分钟。）

师：请找好了的同学先说。

生："目前已知最大的鲸约有十六万公斤重，最小的也有两千公斤。""我国发现过一头近四万公斤重的鲸，约十七米长。"这两句运用了列数字的说明方法。

师：如果不列数字说明，只说"鲸非常非常重""鲸很长很长"，好不好？

生：不好！那样描述不具体，别人弄不清鲸到底有多重和多长。

师：还有哪些地方运用了作比较的说明方法？

生："一条舌头就有十几头大肥猪那么重"，这是用鲸的舌头与大肥猪作比较。

师：对了！你们看，这一段主要用了作比较和列数字的说明方法，把鲸的体型大说得十分具体形象。请大家自学后面几个自然段，找一找作者还在什么地方使用了这些说明方法，用笔画一画。

（学生自读，画线，反馈，用时10分钟。）

这两个教学片段，都是细读全文，李老师花了40分钟，杨老师只花了25分钟。花时少的，教学效果反而好得多。

李老师只是根据课文内容进行提问，这样的教学，对学生阅读能力的提升基本无用。从教学方式来看，从头到尾都是一问一答式，学生被教师的问题牵着走，无学习主动性可言，也无全体性可言，"少慢差费"现象表现得很明显。

杨老师紧扣抓要点和掌握说明方法来教，教学目标明确而集中，教学方式以学生自主探究为主，全班学生在25分钟的教学时间内，独立学习的时间达18分钟。只有采用这样的教学方式，学生阅读说明文的能力才能真正得以提高。

（三）再学全文，是否安排读中学写？

1. 李老师的教学安排

带领学生朗读全文，简要总结全文的写作特点，让学生课后搜集有关鲸的资料。由于剩下的时间不多，没有时间安排学生读中学写。

2. 杨老师的教学安排

在剩下的充裕的时间内，要求学生根据课文和自己搜集的材料，以"鲸的自述"为题写一篇短文，抓住几个要点来写，用上恰当的说明方法。学生一般能在25分钟内写出400字左右的文章，然后互相交流评价。

李老师因为在教学中过多地关注对课文内容的解读，加上采用烦琐的"满堂问"的形式，已经没有多余的时间让学生进行读写结合的训练。学生学完课文，对写说明文要抓住事物的要点，采用一定的说明方法认识不深。杨老师的课则大不一样，学生在阅读中不仅初步学会了抓要点和了解说明方法，而且能把这些知识运用到写作中。学生人人参与读，参与写，自主性强，读写结合，互促双赢。

阅读教学要舍得留出时间来让学生练笔。时间从哪里来？从精简阅读教学过程中来。阅读教学能突出一两个重点，时间就多出来了。面面俱到地教，就很难安排学生写，与其教师问个不停，不如给学生多留一点写的时间。

三、《桥》——以学生自主读练为主的教学课例

《桥》是人教版五年级下册的一篇写人课文。学习《桥》这篇课文，是以教师的讲解和提问为主，还是以学生的自主读练为主，这反映了两种不同的教学理念。有位教师在教这篇课文时，坚持以学生的自主读练为主，很值得我们借鉴。下面笔者结合这位教师的课堂教学实录来进行分析。

（一）整体感悟课文之后：是从情感入手，还是从语言入手？

（学生自读课文，自学生字词，整体感悟课文。）

师：洪水狂奔而来，势不可当。人们跌跌撞撞地向北面窄窄的木桥拥去，一场灾难即将发生。在这生死存亡的关键时刻，一个高大的身影出现了。他是谁？

生：村党支部书记。

生：一位全村人都拥戴的老汉。

师：我们来看看作者是怎样描写这位老汉在紧急关头的神态的。大家齐读这段话。

生：（齐读）“老汉清瘦的脸上淌着雨水。他不说话，盯着乱哄哄的人们。他像一座山。”

师：在这个关系到全村人生命安全的生死关头，老汉的神态有什么特别？

生：坚定。

生：严峻。

生：稳重而高大。

师：你是从哪些关键词句中看出来的？

生：从“盯着”一词可以看出他眼神坚定。

生："清瘦"一词显得他十分严峻。

生："像一座山"显得他稳重而高大。

师：老支书的神态体现了共产党员面对灾难时的坚定意志。请大家读课文。

（学生朗读，读得比较有感情。）

师：课文中的神态描写能抓住老汉的特点，表现了老汉面对突发灾难时的沉着冷静的品质。（板书：神态——沉着冷静）抓住重点词句品读，我们就能领悟人物的情感和品质。

从神态描写的词句入手来体会老支书的情感和品质，是这个教学片段的基本特点。教学从哪里入手，反映出不同的教学理念。是"披文入情"，还是"由情到情"，这是两种不同的教学理念。"披文入情"，是从语言文字入手，以学习语言为中心，体会语言包含的情感和品质；"由情到情"，是单纯地从情感入手，又回到情感，离开了语言的学习，或者把学习语言作为一种点缀，那就不是真正的语文课了。而两种不同的教学理念又直接反映在问题的设计上。比如，"老汉的神态有什么特别"是该教学片段的一个核心问题，它引导学生从学习描写人物神态的语句入手，体会人物情感，学生既领悟到了语言的精妙，又体会到了人物的情感和品质，"言""意"兼得。如果我们把问题改为"老汉的沉着冷静表现在什么地方"，就会脱离语言学习。有了情感，却丢了语言，这不是我们所倡导的语文课。

（二）中段学习：是教师问个不停，还是引导学生用心阅读？

师：刚才我们学习了描写老支书神态的句子。课文中还有许多句子描写了老支书的语言、动作和神态，请大家自读课文，把你认为写得最感人的句子画下来，读一读，并圈出关键词，体会句子所要表达的情感。（板书：语言、动作）

（学生边读边画，用时 6 分钟。）

师：请说说你画了哪些句子。

生：“老汉沙哑地喊话：‘桥窄！排成一队，不要挤！党员排在后边！’”这是写老汉的语言。

师：老汉的语言有什么特点？

生：声音沙哑。因为他已经大声喊了很多话了，嗓子都喊哑了。

师：有意思，读出点儿味道来了。

生：他说话很坚定！

生：他把村民的生命放在第一位，要求共产党员走在后边。

生：他说的话，每句都很短。

师：每句话都很短，这个发现了不起！你们看，他说的这几句话总共有多少个字？

生：15 个字。

师：可以用一个什么词来形容？

生：语言简明。

生：斩钉截铁。

师：斩钉截铁，好！在关键时刻，说话要坚定、简短、有力。我们来读一读。

（先个别读，后全班齐读。）

师：其他同学画了哪些感人的句子？

生：“老汉突然冲上前，从队伍里揪出一个小伙子，吼道：‘你还算是个党员吗？排到后面去！’老汉凶得像只豹子。”

师：这是写什么？

生：写老汉的动作、语言和神态。

师：这段话既写了动作，又写了语言，还写了神态。写动作有哪些关键词？

生：“冲”“揪”“吼”。

师：这些动词表达了老汉当时什么样的心情？

生：他看到一个共产党员排到群众前面去了，非常气愤！

生：他很愤怒。

师：是的，共产党员在生死存亡的关键时刻，应该留在最危险的地方。要做到先人后己，先群众后党员。老汉自己是这样做的，也要求全体党员都这样做。把“揪”改为“拉”“拖”“抓”行吗？为什么？

生：不行，用“揪”显得更有力。

生：用“揪”显得更坚决，说明老汉毫不留情。

生：用“揪”说明老汉非常气愤，用别的词差一些。

师：这就是一流作品的特点，换一个词，味道就不一样了。

（学生朗读，读得很有感情。）

师：作者注意用一些准确的动词来描写人物的动作，使得人物形象一下子就在我们脑海中鲜活起来了。在这种危难时刻，老百姓多么需要这种一心为民的党员干部啊！因此，描写人物一定要写好人物的神态、动作和语言，这样的人物才能打动人。

这是上一个教学片段的延伸。前一个教学片段是“举一”，这个教学片段是“反三”。学生在“举一”中学得方法，在“反三”中加以运用。教师提出了明确的学习要求，并且安排6分钟时间让学生自读自画。在这个自读自画的过程中，全班学生人人参与。反馈时，也以学生的展示为主，并能紧扣重点词句进行比较学习，有利于学生形成语感。最后归纳人物描写的方法，始终不忘教学目标和教学重点。该教学片段中，教师提的问题少而精，学生始终处于学习的主体地位。

（三）后段学习：是光读不写，还是读中悟写、练写？

师：《桥》这篇课文写得非常精彩，在写作上，作者除了善于描写人物，还有什么特别高明的地方，有同学发现了吗？

生：大雨、洪水写得很形象。

师：对。这个故事发生的背景是山洪暴发。没有洪水，就没有这个感人的故事。请大家把描写洪水的句子画下来，看看还有什么发现。

（学生边读边画句子，用时 3 分钟。）

师：你们画了哪些句子？

生："山洪咆哮着，像一群受惊的野马，从山谷里狂奔而来，势不可当。""近一米高的洪水已经在路面上跳舞了。""水渐渐窜上来，放肆地舔着人们的腰。""猛然间，一个浪头也吞没了他。""一片白茫茫的世界。"

师：我们一起来读一读这些句子。

（学生齐读。）

师：读了这些描写洪水的句子，你们有什么发现？

生：洪水非常凶猛！

生：洪水越来越凶！

生：洪水有一个变化的过程：开始是咆哮，接着是跳舞，然后是舔腰，再后来是吞没了老汉，最后是白茫茫一片。

师：这位同学能抓住每句话中的关键词发现洪水的变化过程。洪水越来越凶，情况越来越危险。危难时刻，也是考验人的时刻。所以，写洪水，其实是为了写人。

生：我发现这些句子大都是用了拟人的手法。

师：这个发现不错！请说具体些，抓住关键词语来说。

生："咆哮""狂奔""跳舞""舔""吞"，这些词平时都是用来写人的，这里用来写洪水。

师：真不错！一眼就能抓住五个关键词。洪水怎么能"跳舞""舔腰"呢？作者运用了拟人的手法，把可怕的洪水写得多么形象！洪水像一群魔鬼那么可怕，让人胆战心惊！

师：课文在情节安排方面有一个特点，谁发现了？

（学生沉默。）

师：读读课文的结尾，你们有什么特别的感觉？

生：原来那个被老汉揪出来的小伙子是老汉的儿子。

师：震撼吗？

生：心里一惊！

生：出乎意料！

生：作者为什么不在前面说这个小伙子就是老汉的儿子呢？

师：这个问题提得好！课文前面说老汉“从队伍里揪出一个小伙子”，如果改成“揪出了自己的儿子”，哪种写法更好？

生：课文的写法好！如果改了，就没有悬念了。

师：“悬念”一词用得好！

生：如果改了，读到结尾就没有恍然大悟的感觉了。

生：如果改了，读到结尾就没有那么震撼了。

师：是啊，“文似看山不喜平”，有悬念，才有起伏，有惊喜，才能吸引读者急切地读下去，让人物形象在读者心中留下更深刻的印象。我们写文章，也要学会设置悬念。下面我们来改写一个片段，先请一位同学把这个片段读一读。

生：（读）我妈妈叫高明英。她个头不高，有点儿胖，头上扎着羊角辫。她说起话来声音很大，语速很快，像开机关枪似的。她走路也很快，办事风风火火的，大家都说她是个急性子。

师：这段话可否设置悬念？

（学生沉默。）

师：能否先不讲妈妈叫什么，而是先写妈妈的外貌、神态、语言、动作，再引出人物的身份？四人一个小组先讨论一下，看看你想到了什么好办法，可以加入自己的想象。

（学生分组讨论，约 3 分钟。）

生：我觉得可以先写外貌。

生：可以先写神态。

生：可以先写动作。

生：还可以先写语言。

师：好！大家动手改一改。

（学生改写片段，用时 6 分钟。）

生：（读自己改写的片段）当你看到一位长得胖胖的、头上还扎着两根羊角辫的风风火火的阿姨从你身边走过的时候，那可能是我的妈妈。她叫高明英，是个急性子。

师：这位同学改得如何？

生：改得好，先写外貌，最后才道出姓名。

师：这位同学先写妈妈的外貌，后写妈妈的姓名，这就让读者产生了悬念，而且有一个词用得十分准确，“可能是我的妈妈”中的“可能”用得好！

生：（读自己改写的片段）我蹲在草丛里与同学捉迷藏。突然，一只胖胖的手伸了过来，揪住了我的耳朵，只听见一个声音朝我吼道：“上课时间快到了，你还在玩！”我吓了一跳，抬起头睁大眼睛一看，原来是我的妈妈。她叫高明英，是个急性子。

师：这位同学先描写人物的动作，后说人物的名字，动作描写很传神！

生：（读自己改写的片段）“兔崽子，还这么慢悠悠的，看我不揍你！”一个高音喇叭从我身后响起。我回头一看，大吃一惊，原来是我的那位胖乎乎的急性子妈妈，她叫高明英。

师：（伸出大拇指）妙！未见其人，先闻其声。

这个教学片段是读中悟写、读中练写，大约用一个课时。读中悟写，是阅读教学行之有效的基本经验。小学高段的阅读教学，应尽可能让学生从阅读中领悟表达方法。这个片段的指导有以下特点：（1）重在一个“悟”字。好的写作方法，不是靠教师强行灌入，而要靠学生自己领悟。这位教师的办法是引导学生自己去阅读、品味，在阅读和品味中发现写作的秘密，如环境描写和悬念设置，都是学生从读中悟出来的，而不是教师讲出来的。（2）把“悟写法”与“悟情感”紧密结合在一起。写法是为表达情感服务的，离开情感表达的写法只是一种纯语言技巧，缺乏人文内涵。这位教师注重引导学生体会环境描写、悬念设置对表达人物的思想、感情、性格的作用，将“言”“意”融为一体，值得提倡。读中练写的设计也很有特色。学习一种写作方法，贵在多练。光懂得课文写得好是远远不够的，教师还应提供机会和平台让学生去仿写，那样效果就好多了。悬念设置的片段改写，就是一个颇有创意的设计。这个片段的教学，以学生的读、练、展示、自评为主，教师作为教学的设计者和引导者，没有在提问和讲解上花太多的时间，而且能问到关键处，讲到要害处，起到引领作用。因此，把读练的时间留给学生，教师才能教得轻松，学生才会学得精彩。

四、《真理诞生于一百个问号之后》——抓住文本特点、读中学写课例

教学小学高段语文，贵在让学生抓住文本特点，坚持读中学写。要抓住文本特点，首先应抓住文体特点。教学不同的课文，要引导学生发现课文的文体特点，并在领悟文体特点的基础上学着写一写，经历一个“发现特点—领悟特点—读后练写”的过程。这个发现、领悟、练写的过程，就是以学生的学为中心的过程。而有关课文内容的理解和把握可以渗透在学习

过程之中，不必作为教学主线。

下面笔者结合《真理诞生于一百个问号之后》（人教版六年级下册）的教学来阐明这一观点。

（一）整体感悟，抓住文体特点

师：请大家默读全文，边读边思考下面三个问题。

（1）课文写了哪几件事？请用简洁的语言概括。

（2）课文讲了一个什么道理？在文中用横线画出来。

（3）这些事与道理之间有什么关系？

（学生默读课文，边读边画边思考，教师巡视，个别辅导，用时 10 分钟。）

师：课文写了哪几件事，谁能用简洁的语言概括？

生：课文写了三件事：第一件事是洗澡时发现水的漩涡，第二件事是溅上盐酸的花瓣变红了，第三件事是一位医生发现眼珠的转动与做梦有关系。

生：课文写了洗澡水的漩涡、紫罗兰的变色、睡觉时眼珠的转动三件事。

师：这两位同学的发言都对，你觉得谁概括得更简明？

生：后一位同学概括得更简明。

师：（问概括得更简明的学生）你是怎么概括出来的？

生：我是用文中倒数第三自然段的话来概括的。

师：（竖起大拇指）很好！这位同学能用书上的语言来回答。课文在讲完三件事以后，用一个句子对这三件事进行了总结性概括，我们读书的时候要善于发现这种概括性的语言。

师：那么，课文讲了一个什么道理，你画的是哪句话呢？

生：我画的是课文的标题“真理诞生于一百个问号之后”。

生：我画的是第一自然段：“有人说过这样一句话：真理诞生于一百个问号之后。其实，这句话本身就是一个真理。”

生：我画的是“善于从细小的、司空见惯的现象中看出问题，不断发问，不断解决疑问，追根求源，最后把‘?’拉直变成‘!’，找到了真理”。

师：几位同学虽然画的句子不太一样，但是意思都差不多。文章讲的道理就是课文的标题。写这种讲道理的文章，可以把一个核心意思用标题来表示，也可以在文章中体现。那么，你发现前面概括的三件事与这个道理之间有什么联系吗?

生：三件事是用来说明这个道理的。

师：好。实际上，事与理的这种联系，我们可以把它叫作“以事说理”。(板书：以事说理)

这个教学片段着眼于对课文特点的整体感悟，有如下几个特点。

1. 紧紧抓住文体特点来教学。教学议论文，有两种截然不同的选择：一种是侧重于课文内容的讨论，如真理为什么诞生于一百个问号之后？怎样留心观察，用心思考，发现问题？怎样在发现问题之后解决问题？这样教，会把语文课教成品德课或政治课。另一种是侧重于语言学习，在本课例中，教师抓住文本以事说理的特点来教学。这样教，教学内容的选择是准确的，教的是语文，而不是其他科目。

2. 精心设计学生的学习活动。整个教学片段用时约 20 分钟，其中 10 分钟是学生自读，10 分钟是学生讨论，充分体现了学生的主体地位。教师要保证课堂教学质量，必须有一个前提，即精心设计学生的学习活动。在本课例中，教师在备课时精心设计了三道自学题，题目难易适中，并紧扣教学目标，且三道题紧密联系，足见教师设计的匠心。

3. 关注阅读方法的随机引导，有利于学生形成学习能力。

(二) 细读课文，发现写作的秘密

师：课文是如何用事例来说明道理的呢？我们先来学第三自然段。请大家自由朗读课文，按照“事件—问题—探索—结果”的顺序，将这一段划分为四个层次。

（学生朗读，划分层次，用时5分钟。）

师：大家再自读第四和第五自然段，画一画作者的写作顺序。

（学生自读自画，用时5分钟。）

师：作者写事例的三段话有什么共同之处？

生：都是写科学发明的事。

师：是“发明”吗？换一个词。

生：发现。

师：对了，都是写科学发现的事。

生：都是先写遇到了什么事，提出问题，再写怎么去探索，最后写探索的结果。

师：很好。三段话都是按照“事件—问题—探索—结果”的顺序来写的。

生：我发现三个故事都是写生活中的平常事。

师：这个发现很难得。“生活中的平常事”，能用文中的一个词语来代替吗？

生：司空见惯。

师：很好，“司空见惯”是指看惯了就不觉得奇怪。

生：我发现三个事例中都有问号。

师：为什么一定要有问号，不要行吗？

生：有问号指存在疑问，没有疑问就不会有“发现”了。

生：文章的题目是“真理诞生于一百个问号之后”，所以，事例中一定要有问号，而且问号越多越好。

师：这位同学说得很好。“真理诞生于一百个问号之后”是文章要说明的道理，所以事例中一定要有问号。请大家数一数，这三段中各有几个问号？

生：第三自然段有一个问号，第四自然段有四个问号，第五自然段有两个问号。

师：为什么没有写一百个问号？

生：课文中的“一百”是说很多，并不一定就是一百个。

师：对。这个“一百”是虚数，并非实数。如果把一百个问号都写下来，读起来你受得了吗？

这个教学片段有以下突出特点。

1. 从发现写作的秘密的角度来展开教学。对文中的三个事例，教师应该怎么教，有两种思路：一是从三个事例分别包含什么科学道理的角度来教，那样的话，语文课就可能成了科学课；二是从发现写作的秘密的角度来教，这样教就抓住了语文课的本质特征。“课文是如何用事例来说明道理的呢？”这是一个很好的主问题，能引导学生从写作的角度进行探究，学习目标和学习内容都隐含在这个主问题之中。

2. 让学生自己去发现写作的秘密。如何引导学生发现写作的秘密，也有两种设计思路：一是教师从一开始就不停地提问，让学生应答，用“满堂问”的形式来组织教学。这样教，学生没有经历一个自读发现的过程，很难形成语文阅读能力。另一种设计思路是像这位教师一样，先让学生围绕主问题自读自画，在学生充分自读发现的基础上进行全班性交流，效果就好得多。从比较中发现共同点，先“举一”再“反三”，先自学再讨论，学习活动的设计目标明确，思路清晰。

（三）读完全文，指导学生读中学写

教师请学生齐读课文后面关于“小练笔”的一段话：“仿照课文的写法写一段话，用具体事实说明一个观点。比如，‘功夫不负有心人’‘虚心使人进步，骄傲使人落后’。”

师：除题目中提到的两个观点以外，自己也可以另选观点。注意，一定要是观点。有了观点，再选一两个事例来说明观点。

（学生写片段，教师巡视，用时 10 分钟。）

师：现在，请两位同学读一读自己写的片段。

生：我读过一个关于李白的故事。有一天，李白来到一条河边，看到一位老妇人手里拿着一根铁棒，在河边的大石头上磨来磨去，累得浑身大汗。李白觉得很奇怪，就问："老大娘，您磨这根铁棒做什么？"老大娘说："我要把它磨成一根针，用来缝衣服。"李白更奇怪了，问："这么大这么粗的铁棒，怎么能把它磨成细细的针呢？"老大娘坚定地说："只要多下功夫，铁棒也可以磨成针啊！"李白从中受到启发，后来发奋读书，成了伟大的诗人。

生：困难像弹簧，你弱它就强，你强它就弱。我们在生活和学习中常常会遇到许多困难，你怕它，你就打不赢它；你不怕它，它就会向你投降。有一次，我做一道数学题，想了半天都没有做出来。开始我想去问爸爸，但转念一想，我自己想办法也许能做出来。我静下心来看书上的例题，想了许久，终于把这道难题做出来了。世上许多事情都一样，只要我们不怕困难，困难就会怕我们。

师：请大家评一评，这两位学同写得怎么样？

生：第一位同学写的只是一个故事，没有说清什么道理。

师：这位同学的故事里虽然也有道理，但不是用故事来说明道理，写得像记叙文一样。

生：第二位同学写得比较好，把困难比作弹簧，很形象，既说明了一个道理，又讲了一个事例。

师：大家评得很到位，这说明我们初步掌握了用事说理的写法。写议论文，要用一两个事例来说明一个道理。第一位同学只写了一个故事，故事写得不错，可惜没有说明一个道理；第二位同学既写了事例，又说明了道理，道理与事例之间有密切的联系，写得真棒！

这个教学片段在读写结合上给我们留下了许多启示。

1. 读中感悟写的方法。小学高段的阅读教学，既要让学生感悟课文的内容，也要领悟课文的写法。感悟内容是显性的，比较容易做到；领悟写法是隐性的，有一定的难度。以上三个教学片段，教师注重把二者结合起来，又以感悟写法为主线，教学目标明确，教学内容集中。前两个教学片段都是让学生在读中悟写法，领悟课文如何以事说理，这个悟的过程很充分，为下一步的练笔奠定了基础。

2. 读后运用写的方法。领悟写的方法，光靠读还不够，还要动手去练。最后一个教学片段的小练笔设计，十分可贵。学生初学写议论文，要求不宜太高，能用一两件事说清一个道理即可。这样练一练，学生对写议论文会经历一个由不会到初步学会的过程。问题在于，教师是否有读写结合的意识，是否能精简读的过程，从而为练笔留出时间。如果教师在阅读教学中能减少一些无效的问答，坚持每课一练，教学效率肯定会高得多。在学生完成练笔后，精选两段学生的文章，让学生从比较和评价中获得启发，也是一种有效的教学方法。

江苏凤凰教育出版社
《行知工程》系列丛书目录

系列	序号	书　　名	主编	定价
创新教学探索系列	1	《让学生把母语用精彩——“语用课堂”的探索与实践》	佘小红	30.00
	2	《“备”出课堂精彩——备学式教学的课堂实践与思考》	张旭兰	30.00
	3	《神奇的阅读教室——带学生踏上美妙的阅读之旅》	李祖文	30.00
	4	《打造有生命力的课堂——“两步八环节”教学模式探索与实践》	查联智	30.00
	5	《最能培养学生探究能力的课堂——小学科学与信息技术单元整体课程实施与评价》	李怀源	30.00
	6	《最能激发学生运动天赋的课堂——小学体育单元整体课程实施与评价》	李怀源	30.00
	7	《最能提升学生艺术素养的课堂——小学艺术单元整体课程实施与评价》	李怀源	30.00
	8	《“生命语文”探索——焕发语文生命力的思考与实践》	王自成	30.00
	9	《粘连作文教学：让习作成为有个性的自我建构》	黄瑞夷	30.00
	10	《备学式教学——在体验中建构数学思维》	单广红　范雪梅	30.00
	11	《向着自主进发——自主教育的创新实施智慧》	朱亚红	30.00
	12	《写中学——让学习更有效的学科写作教学》	钟传祎	30.00
	13	《小学科学实验总动员——大科学课堂有效提升学生创新力》	江美华	30.00
	14	《小学语文单元整体课程实施与评价》	李怀源	30.00
	15	《小学英语单元整体课程实施与评价》	李怀源	30.00
	16	《小学数学单元整体课程实施与评价》	李怀源	30.00
精彩课堂系列	17	《从语文素养走向生命成长——小学语文读写课堂教学密码》	曾海玲	30.00
	18	《真实的品德课》	朱淑秀	30.00
	19	《英语课堂学习共同体——新型的师生交互学习场》	杨延从	30.00
	20	《指导自主学习——初中数学学与教的研究与实践》	刘其武	30.00
	21	《玩出精彩的课堂——小学低年级教与学方式转变研究》	陶红松	30.00
	22	《让生命之花自主绽放——语文个性化教学建构策略》	商德远	30.00
	23	《让学生亲历知识——主体参与下体验式学习的实施策略》	何世祥	30.00

系列	序号	书　　名	主编	定价
教育管理力系列	24	《缔造唯美教育——延奎小学素质教育实施策略》	易增加	30.00
	25	《让普通学校崛起的 20 个细节——"生命为本"教育团队成长密码》	李其玉	30.00
	26	《"走"出教育的精彩：走动式学校管理文化构建》	罗　军	30.00
	27	《校长兵法：学校管理四十六计》	皮大鹏	30.00
教师修炼系列	28	《教育，爱与宽容——教师心灵礼仪修炼》	许力争	30.00
校本研修系列	29	《校本研修资源的开发与利用》	陈朝林	30.00
	30	《校本研修与教师专业成长》	吴积军	30.00
	31	《卓越教师经典研修成长策略》	刘天宝等	30.00
	32	《特色校本课程开发范例解读》	刘永平　李秀伟 张雪梅	30.00
	33	《高效校本研修模型构建艺术》	刘素雁	30.00
	34	《走向实践的教研——中小学教育科研引领与应用》	江　敏	30.00
班级文化系列	35	《活力班级的文化建设》	胡　珏	30.00
	36	《做幸福的班主任》	吕　丽	26.00
教育家核心思想系列	37	《叶圣陶谈阅读》	叶圣陶 著 李怀源 选编	30.00
	38	《多元智能理论的本土化应用》	刘治富	30.00
	39	《大教育家最具施教力的教学思想》	白刚勋	30.00
高效能教学系列	40	《高效能教师的 10 个好习惯（中学卷）》	张　瑾	30.00
	41	《让作文落地生根——提高写作实效的教学策略》	黄桂林	30.00
	42	《高效能作文教学 5 项修炼》	陈步华	30.00
	43	《高效能校长的 10 个好习惯》	张　勤	30.00
	44	《高效能教师的 10 个好习惯（小学卷）》	谢　英	30.00
	45	《高效能语文教学 5 项修炼》	王其华	30.00
新课程探索系列	46	《语文新课程的批判与重建》	葛桂斌	30.00
美国名师教学译丛	47	《美国名师游戏教学本土化应用：幼儿园》	（美）玛西娅 L. 泰特 著 胡 珍　瞿 菁　编译	30.00
	48	《美国名师游戏教学本土化应用：小学英语》	（美）玛西娅 L. 泰特 著 杨永华　张心影　编译	30.00

系列	序号	书名	主编	定价
美国名师教学译丛	49	《美国名师游戏教学本土化应用：小学数学》	（美）玛西娅 L. 泰特 著 谢艳红 编译	30.00
	50	《美国名师游戏教学本土化应用：小学科学》	（美）玛西娅 L. 泰特 著 刘丽萍 编译	30.00
	51	《美国名师游戏教学本土化应用：小学社会》	（美）玛西娅 L. 泰特 著 姜梅芳 编译	30.00
	52	《美国名师游戏教学本土化应用：小学音体美》	（美）玛西娅 L. 泰特 著 尹立志 编译	30.00
鲁派名师名校·教育探索者系列	53	《悦读立人——校园阅读文化体系构建策略》	杨世臣	30.00
	54	《教育智慧何处来——一位特级教师的思考手记》	付立金	30.00
	55	《和雅文化——校本课程的创新构建》	汤善香	30.00
	56	《让个性绽放精彩——学校课程体系整合与创生》	谢建伟 徐淑萍	30.00
	57	《让每个学生都幸福——最能润泽生命的学校文化建设》	谢建伟 张新喜	30.00
生态化校园系列	58	《点燃学习的激情——构建校园生态化学习型组织》	杨树岳	30.00
	59	《课改突围——构建学校生态化教学体系》	杨树岳	30.00
教育新思考系列	60	《语文教育向何处去》	王 丛	26.00
	61	《教育，就是做好普通的事》	孙志毅	27.00
	62	《走出语文的偏见——让学生体悟文本的原义》	丛智芳	30.00
	63	《让语文教学更高效——批注式阅读教学探索》	韩中凌	30.00
	64	《读写互促——探寻学以致用的语文教学》	曹 龙	30.00
	65	《跳出数学教数学——用文化融通数学教学》	马建秀	27.00
名师感悟系列	66	《让心灵伴着歌声成长——22位音乐名师的教育智慧》	陈 璞	30.00
	67	《超越自我的教师——32位名师的成长感悟》	李卫东 李秀伟	35.00
	68	《心灵的守护者——19位名班主任的教育智慧》	王晓松 曲文弘	30.00
	69	《名师感悟班主任有效工作艺术90例》	符礼科	30.00
	70	《名师感悟有效教学90例》	林高明 徐玉烟	30.00
信息化教学系列	71	《巧用白板教语文——信息技术与语文教学操作指南》	蒋丽清	30.00
	72	《跨越式实现高效课堂 ——信息技术与课程整合高效教学方案评析》	陈 玲 刘 禹	30.00
教师必读系列	73	《教师必学的16堂修养课》	武宏伟	30.00
	74	《教师不可不知的教学心理效应》	叶勇军	30.00
	75	《班主任不可不知的管理效应》	奚一琴	30.00
	76	《教师不可不知的教育心理效应》	孙 媛	30.00

系列	序号	书　　名	主编	定价
教师必读系列	77	《校长不可不知的管理效应》	谢申刚　张金豹	30.00
	78	《成为好教师的 7 项修炼》	王福强　李维华	30.00
	79	《如何让学生会学习》	龙　冰	30.00
	80	《如何让学生爱学习》	周震宇　许小燕	30.00
核心教学主张系列	81	《新生代语文名师核心教学主张》	许友兰	30.00
学生心理解码系列	82	《孩子问题行为一点通 ——只有好老师才知道的学生心理谜底》	严育洪	30.00
教育求索系列	83	《思政教学的人文力量》	戴晓华	30.00
	84	《师道新说——给教育者的 30 条箴言》	徐　卫	30.00
行思讲坛系列	85	《灵动而朴素地教语文——潘文彬的微格教育生活》	潘文彬	30.00
	86	《师爱无疆——润泽学生心灵的教育故事》	侯忠彦	30.00
	87	《怎样反思更有效——促进教师专业发展的反思策略》	诸贝贝	30.00
	88	《成为高度自觉的教育者——写给后课标时代的数学教师》	许卫兵	30.00
	89	《哲思数学课》	刘全祥	30.00
	90	《智慧数学课——黄爱华教学思维的实践策略》	黄爱华	30.00
	91	《童趣数学课》	徐　芳	30.00
	92	《把学生教聪明》	严育洪	30.00
	93	《教师最应该规避的教育误区》	杨坤道	30.00
	94	《用语文的方式教语文——潘文彬教学主张与实践智慧》	潘文彬	30.00
	95	《怎样让阅读教学更有效 ——提升教学能力的十种读诵模式》	汪秀梅	28.00
	96	《让生命在润泽中起舞——当代小学生最需要的主题班会》	吴联星　罗　琳 冯卫东	30.00
	97	《让生命欢快拔节——当代中学生最需要的主题班会》	冯卫东　吴联星	30.00
	98	《课堂因生成而精彩——高效教学的生成智慧》	张文质	30.00
	99	《回到每一个人的生命化教育 ——张文质二甲中学教育行动录》	张文质	30.00
中国教育变革之路丛书	100	《百年树人师何为——教师队伍建设困顿与出路》	将丽珠　李玉向	30.00
	101	《入园何时不再难——学前教育困惑与抉择》	曾晓东 范　昕　周　慧	30.00
	102	《三尺书桌何处寻——流动人口子女教育困难与破解》	范先佐	30.00

系列	序号	书　　名	主编	定价
中国教育变革之路丛书	103	《苦旅何以得纾解——高考改革困境与突破》	郑若玲	30.00
	104	《择校纠结何时了——择校问题困局与治理》	曾晓东　周文海 曾娅琴	30.00
创新教学思想系列	105	《“大问题”教学的形与神》	黄爱华　张文质	30.00
校长领导力系列	106	《高品质学校生长要素》	王益民	30.00
	107	《校长高校教学领导力提升策略》	徐世贵　郭文awaiting	30.00
教育漫笔系列	108	《课堂，诗意地栖居》	吴书华	30.00
新思维系列	109	《教育中的“不一定”——打破教育的19种思维惯式》	严育洪	30.00
教学提升系列	110	《有思想地教阅读——让学生学会品读文字真意》	王学东	30.00
教育艺术提升系列	111	《藏在师生体态语言里的教学智慧》	张　宇　廖生波	30.00
教学全手册系列	112	《小学习作教学全手册》	郭家海	30.00
	113	《中学写作教学全手册》	郭家海	30.00
	114	《情境教学操作全手册》	冯卫东	35.00
	115	《合作教学操作全手册》	李春华	35.00
	116	《探究教学操作全手册》	周新桂	35.00
	117	《自主教学操作全手册》	诸葛彪	35.00
	118	《创新教学操作全手册》	王　玮	35.00
	119	《班主任工作全手册》	刘沛华	35.00
	120	《新教师工作全手册》	周震宇	35.00
	121	《学生心理健康教育全手册》	刘海莉　刘春杰	35.00
	122	《高效教学操作全手册》	马友平	35.00
教育思想者系列	123	《教育，一切从孩子出发》	黄　俭	30.00

系列	序号	书　名	主编	定价
创新人才培养系列	124	《创新人才培养校园科普精品课程开发与指导——人大附中创新人才培养》	罗　滨	30.00
	125	《创新人才培养特色校本课程开发与创新人才培养——清华附中“国际安全下的科学技术”课程构建与实施》	王殿军　方　研　赵宏雁	30.00
	126	《创新人才培养：学校实验室建设与管理》	刘克文　杨发丽　杨　平	30.00
	127	《创新人才培养：数学探究活动开发与指导》	马云朋　韩继伟	30.00
	128	《创新人才培养：化学研究活动开发与指导》	王　磊	30.00
	129	《创新人才培养：物理探究活动开发与指导》	廖伯琴	30.00
	130	《创新人才培养：地理探究活动开发与指导》	张建珍　陈　澄	30.00
	131	《创新人才培养：生物探究活动开发与指导》	张迎春	30.00
	132	《创新人才培养：理念探索与思维突破》	王晶莹	30.00
新生代通派名师系列	133	《简约数学教学》	许卫兵	30.00
	134	《语文教学的本真——情意课堂展现母语之美》	吴建英	30.00
	135	《语文课堂的理想追求——欢快达成三维目标》	董一红	30.00
	136	《阅读教学的真髓——意象构建读出文学的真美》	祝　禧	30.00
	137	《美术教育的真谛——审美人生教育让生命绚丽成长》	陈铁梅	30.00
	138	《语文教学的理想境界——无痕教学润泽生命》	李　凤	30.00
	139	《儿童作文的本义——嬉乐作文让儿童乐并成长着》	王笑梅	30.00
	140	《名师是怎样炼成的》	王建明　王笑君	35.00
幼师成长系列	141	《幼儿行为背后——教师如何读懂幼儿的心思》	吴亚英	30.00
	142	《最具教育力的 22 种幼儿教育思想》	杨　达	30.00
	143	《幼儿教师必知的安全应急措施》	杨　达	30.00
	144	《幼儿教师必备的教育技能》	李　玲	30.00
	145	《卓越园长 21 条幼儿园管理策略》	周　丹　江东秋	30.00